丹波・山国隊

時代祭「維新勤王隊」の由来となった草莽隊

淺川道夫・前原康貴 著

錦 正 社

はじめに

山国隊とは、慶応四(一八六八)年に丹波・山国の郷士たちが結成した草莽隊《そうもうたい》で、戊辰戦争に際しその一部が朝廷側の「官軍」となって出征した。東征に参加した山国隊士は総勢三十五名で、これは当時の一個小隊に相当する小部隊に過ぎなかったが、因州藩附属として各地を転戦し戦功を挙げた。東征を終えて京都に凱旋したのち、山国隊士たちは他の多くの草莽諸隊と同様、郷里に戻って生業に従事したが、明治二十八(一八九五)年から始まった京都時代祭に参加するようになったことで、一躍その名を日本全国に知らしめることとなった。

山国隊に関する研究の先駆となったのは、永井登(政治家永井柳太郎の父)である。山国で長年小学校長を務めた永井は、当時まだ存命だった元隊士たちへの取材や、彼らの残した記録に基づいて『丹波山国誌』(自家版、一九〇六年)を著し、時代祭を通じてその名を知られるようになった山国隊の史実を世に伝えた。次いで永井は、自身が編纂に当たった『京都府北桑田郡誌』(京都府北桑田郡、一九一三年)においても山国隊に論及し、地方史の中にその存在を位置付けていった。

他方、山国隊が所属していた因州藩の維新史に関連して、鳥取県が編纂した『鳥取県郷土史』(鳥取県、一九三二年)の中でも取り上げられ、さらに山国隊司令を務めた原六郎の伝記として板沢武雄・

米林富男編『原六郎翁伝』(自家版、一九三七年)が出版されると、折からの時局を反映する形で戊辰戦争における山国隊の戦功が詳しく紹介された。

続いて戦後の研究についてみると、水口民次郎の著した大著『丹波山国隊史』(山国護国神社、一九六六年)が出版されたことを契機に、昭和四十三(一九六八)年の明治維新百年にまつわる幕末維新史研究の高まりと相まって、再び山国隊への関心が高まった感がある。こうした流れの中で、山国隊の存在を社会一般に広める役割を果たしたのが、仲村研『山国隊』(学生社、一九六八年)であろう。同書は、山国地方で古文書調査に携わっていた同志社大学の仲村が、地域の古老との交流を通じて山国隊への関心を深め、前出『丹波山国隊史』の編纂に協力する傍ら、「史料をかみくだいてやさしくまとめた」単行本である。平成六(一九九四)年に中央公論社から文庫本として再刊されたこともあって、今日でも広く読まれている。また同時期に刊行された『京北町誌』(京北町、一九七五年)では、郷土の維新史として山国隊に触れている。

その一方で山国隊の研究は、鳥取県の維新史において取り上げられることが多く、『鳥取県史　近代　第一巻　総説編』(鳥取県、一九六九年)に続き、史料集として編纂された『鳥取藩史　第三巻』(鳥取県、一九七〇年)や、『鳥取県史　第三巻　近世　政治』(鳥取県、一九七九年)がそれに論及している。また、徳永職男ほか『江戸時代の因伯　下』(新日本海新聞社、一九八〇年)などの地方的な歴史読物でも、山国隊が紹介されている。

京都時代祭と山国隊に関する研究としては、森谷剋久「時代祭と山国隊」(『歴史への招待11』日本放送出版協会、一九八一年）があり、平安講社の編纂した『時代装束　時代祭資料集成』（京都書院、一九九五年）では、歴史的背景と共に具体的な装束の解説がカラー写真入りで行われている。さらに平安講社編『平安講社　七十年の歩み』（平安講社、一九六五年）、平安講社編『平安神宮　時代祭』（平安講社、一九九〇年）、平安神宮百年史編纂委員会編『平安神宮百年史』（平安神宮、一九九七年）でも山国隊と時代祭との関わりについて精緻に紹介している。加えて時代祭当事者が後世に残した史料として、若松雅太郎『平安遷都千百年記念祭協賛誌　玄武編』（自家版、一八九六年）がある。また、時代祭で毎年「維新勤王隊」の行列を担当する平安講社第八社では、『われらの維新勤王隊』という冊子を製作し、参加者の啓蒙に努めている。

山国隊の鼓笛軍楽については、音楽史の視点に立った研究として、仁井田邦夫『山国隊軍楽の謎と維新勤王隊軍楽に連なる音楽』（自家版、一九八六年）のほか、奥中康人による論文「幕末鼓笛隊と〈維新マーチ〉の伝播」（『名古屋芸術大学研究紀要』第二五号、二〇〇四年三月）と、単行本『幕末鼓笛隊』（大阪大学出版会、二〇一二年）がある。奥中によるこれらの研究は、幕末の軍楽隊に起源を持ち、現在も神社の祭礼行事などで演奏を続けている鼓笛隊を、主な調査対象としたものである。また、西洋式軍隊の指揮信号導入という観点から山国隊の軍楽に言及した研究としては、淺川道夫・前原康貴「幕末の洋式軍楽について」（『軍事史学』第四十四巻第二号、二〇〇八年九月）が挙げられる。

既に述べたように山国隊は、僅か一小隊という編制規模で戊辰戦争に参加した、郷士から成る小部隊であった。にもかかわらず、ここに取り上げたような比較的多くの研究文献が存在する、稀有な例と言える。これは山国隊が、京都時代祭という日本を代表する祭りの先達を務めたことにより、戊辰戦争における「官軍」のイメージを象徴する存在になったことが大きく影響していると思われる。同時に山国隊が演奏する鼓笛軍楽も、時代祭を観覧する人々の耳目を集め、維新の幕開けを奏でるメロディーとして巷間に広まることとなった。再現された行列を通じ、観衆の視聴覚に歴史的「風俗」を直接訴え掛けることの出来る、装束や楽曲の効果は予想以上に大きい。

本書は、山国隊が結成されてから戊辰戦争への参戦を経て京都時代祭に参加するまでの経緯と、時代祭を通じて山国隊（維新勤王隊）による新たな祭祀形式が京都市中に伝播するまでの流れを通史とし、次いで山国隊の鼓笛軍楽のほか、現存する東征装束や武器（小銃）について、それぞれ各論という形でまとめた。京都時代祭を観覧される方々、また山国隊に関心を持たれる方々に、本書を通じて些かの知見を提供することが出来れば幸いである。

淺川道夫

目次

はじめに……i

第Ⅰ部　通　史……1

一　山国隊の結成……3
（一）禁裏御領地山国の成立――平安京と共に――……3
（二）禁裏御領地復帰運動と官位拝任……10
（三）山国隊の結成と郷士たちの分裂……17
（四）山国隊の兵式と編成……28

二　山国隊の東征参加……31
（一）京都発陣……31
（二）野州への出陣……44

（三）彰義隊討伐……54
（四）小田原への出陣……61
（五）奥羽への出兵……62
（六）京都への凱旋……64
三　京都時代祭と山国隊……66
（一）時代祭とは……66
（二）維新後の山国隊……67
（三）平安遷都千百年紀念祭……74
（四）平安神宮と時代祭……77
（五）山国隊から維新勤王隊へ……85
（六）鼓笛軍楽の伝播……95
第Ⅱ部　各　論……101
一　山国隊と鼓笛軍楽……103

（一）幕末の鼓笛軍楽……103
（二）山国隊の鼓笛軍楽……119
結びに代えて……129
二　山国隊の東征装束……132
（一）陣中装束の変遷……132
（二）現存する東征装束……137
（ア）黒毛陣笠……139
（イ）レキション羽織・三才羽織……141
（ウ）錦切れ……145
（エ）胴服・義経袴……149
（オ）手旗……150
結びに代えて……151
三　山国隊と維新勤王隊の小銃……152
（一）「山国隊」の小銃……152
（二）「維新勤王隊」の小銃……157

（三）　建軍期日本陸軍の小銃……160
結びに代えて……169
○隊士一覧……171
おわりに……176
主な参考文献……178

＊山国隊士の姓名については、史料により表記が不統一となっている場合があるが、史料の引用に当たっては原文の儘とした。別名を含めたそれぞれの姓名に関しては、巻末の「隊士一覧」を参照されたい。
＊本書に図版として収録した史料のうち、所蔵者に関する記載を特に行っていないものは、筆者の保管に係るものである。
＊本書の史料引用部分については、一部原文を損なわない範囲で要約し、現代仮名遣いにしてある。

第Ⅰ部　通　史

山国周辺の空撮写真（日向工房：柳田昭彦氏撮影）

一　山国隊の結成

（一）禁裏御領地山国の成立――平安京と共に――

山国隊が誕生した丹波・山国は、京都市右京区の京北地区にある。京都市内と言えば市街地の近郊と思われるかも知れないが、平成十七（二〇〇五）年京都市右京区に吸収合併されるまでここは北桑田郡京北町と呼ばれ、京都市内から車で行くなら、峠を越えトンネルを抜けて一時間は掛かる、文字通りの山々に囲まれた土地であった。山国は明治二（一八六九）年まで皇室の直轄地「禁裏御杣《そま》御領」（禁裏＝皇居、杣＝材木を切り出す山）として年貢や御用材木を納め、朝廷との結び付きが非常に強かった。例えば歴代天皇の御大礼では大嘗祭の悠紀・主基御殿の御用材を奉献することが古よりの習いとなっている。そしていざ朝廷に危機が訪れたなら、先祖伝来の武器を携え禁裏へと駆け付ける武装集団としての一面も持っていた。その最後の偉勲が、「山国隊」である。彼らは維新の戦乱期、官軍に加わり銃を手に戦ったのだが、それは郷土の習いからすれば当然の帰結だったのだ。威風堂々郷里へ凱旋

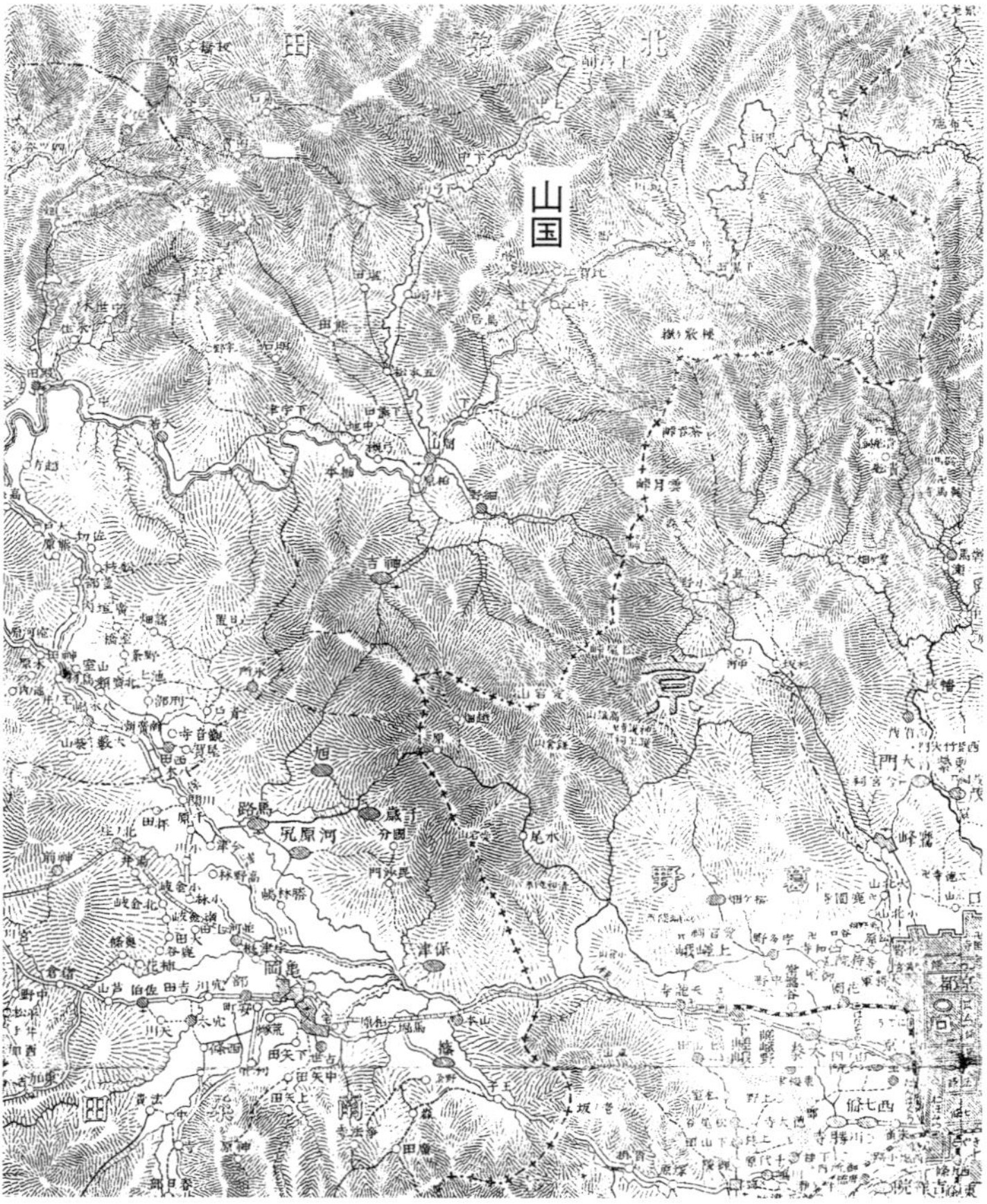

図１　京都市街～山国の地勢図
「1／200000　京都及大阪」（陸地測量部、1898 年）より。

した山国隊を、郷民は熱狂をもって迎えた。それは後年、京都三大祭となる「時代祭」で山国隊が先達役を務めたことでもお分かりだろう。

　山国の成立は平安時代、延暦十三（七九四）年の桓武天皇による平安京奠都《てんと》以前にまで遡る。長岡京からの奠都がいつ頃決定されたか明らかではないが、少なくとも延暦十（七九一）年には新都造営を立案していたと言われている。『本苗大《ほんみょうおう》神山国《かやまぐに》家系図《かけいず》』によれば、この頃の木工権頭である山角国麿《やまずみのくにまろ》は小野妹子の子孫で、平安京造営の御用材を調達するために、丹波国桑田郡辰ヶ谷へ出張した。ここは全国でも有数の良質な杉材が豊富にあり、さらに水運にも恵まれた土地だったからであろう。伐採した材木を大堰川《おおいがわ》に浮かべれば、山道を人力で運ぶより遥かに少ない労力で済む。運ばれた材木は嵯峨野、梅津、桂で陸揚げされ、そこから洛中まで運ばれた。通りに沿って広大な材木置場が軒を連ね、のちに丸太町通と名付けられるほどであった。国麿は当地に屋敷を構えてよく使命を遂行したので、褒美として御領林の裾野一帯七十九町二反歩を下賜され、辰ヶ谷は「内裏御杣御領山国之庄」と改称された。それは国麿が「山角国麿」を略して「山国」と自称していたからで、ついには家名も山国とし、従員下役に領地を分与して永住させた。のちに、その子孫らは「名主《みょうしゅ》」と呼ばれる支配階級となって、朝廷へ御用材や年貢の他台所賄い物を献上する義務を負った。その代わりに名字帯刀を許され、漁業や林業、さらには宮座と言って氏神を祀る神事参加の資格に関する諸権利を有した。かくして明治維新まで、山国の身分階級は名主という支配層と従士と呼ばれる被支配層の二つに分かれることになる。その後も山国は都の発展に伴い御用材を供給し続けて、皇室との結び付きはますます盛ん

図２　山国神社（明治末〜大正期の古写真）

となった。

例えば郷民の信仰厚い山国神社は、長和五（一〇一六）年、三条天皇が病の平癒を祈願し、その奉謝に神位正一位と菊花の紋章を授《さず》け、同社の再建及び日吉、加茂、御霊、山王の四社を建立したものである。これらは合わせて山国五社明神と呼ばれた。

また常照皇寺《じょうしょうこうじ》は、貞治元（一三六二）年、光厳《こうごん》法皇が山国に開山した寺院である。寺域背面は山国陵と言って光厳法皇のほかに、後花園天皇、後土御門天皇（分骨）が葬られている。そのため常照皇寺は、歴代天皇が護持に努め、京都が戦乱に巻込まれた際には宮中の御物を納めた唐櫃が防災のために運び込まれた。山国は宮中にとって危機回避場所としての機能も持っていたのである。

また山国郷士が武装して朝廷に奉仕することもあった。応仁の乱で足利将軍の威光は地に堕ち、諸大名は禁裏守衛の任を放棄。禁裏に危機が及んだため、山国郷士は軍費糧食を自弁の上警固を務めた。宮中の女官が書き残した『御湯殿上日記《おゆどののうえのにっき》』の享禄五（一五三二）年四月六日には「武家も無きによりて御警固もなし、山国の物共、灰方の物共に仰せられて、歴々と参りて御警固を申されども、些かの物騒な事もなく、めでたしめでたし」とあり、宮中の山国郷士に対する信頼が窺える。

戦国の混乱期、各地の禁裏御領も多くが戦国武将に横奪される事態となり、山国にも戦乱の足音が忍び寄っていた。大永年間（一五二一〜二七）、丹波の戦国武将宇津頼顕は、丹波国東部に勢力を拡げ、宮中が心待ちにしていた山国からの貢納品を搬送中に略奪し、討死する者まで出る事態となった。

図３　山国の遠景（大正〜昭和初期の古写真）

永禄十一（一五六八）年、織田信長が上洛して正親町《おうぎまち》天皇に拝謁を賜ると、山国ほか禁裏御領回復の勅命を授かった。信長は明智光秀に丹波平定を命じ、天正七（一五七九）年七月十九日、光秀は大軍を派兵し三代目当主宇津頼重を殲滅した。一方光秀は、自ら周山と名付けた土地に城を築くため、山国を始め周辺の郷村・寺社に資材・労力を強制徴発していたので、八月二十八日、郷士らは武装決起し、周山と山国の郷境である縄野坂で勇躍迎え撃ったが、衆寡敵せず敗走。追撃した光秀は村々に火を放ったという。『本苗大神山国家系図』によれば山国の庄司、山国政春もこの時参戦。政春は大和に落ち延びたが、のちに筒井順慶に敗れ自害した。以降、山国開闢の祖、国靨に連なる一族は丹波に戻ることは無かった。とは言え、信長が正親町天皇との約束を違えるとは考え難く、支配は光秀に移らず山国は変わらず禁裏御領地に復したままだったと思われる。

江戸幕府は皇室の領地を解体して幕府直轄領とした。さらに、寛文十二（一六七二）年に山国のうち比賀江村の過半三百石が梶井宮（いわゆる大原三千院）領に、元禄十一（一六九八）年には下、辻、中江、大野と比賀江の残り三十五石は旗本杉浦氏の領地となった。皇室を警戒した幕府は、勢力を削ぐためにこうした直轄地の分割を行ったのだ。ところが宝永二（一七〇五）年、五代将軍徳川綱吉が草高一万石を朝廷に献納したため山国の一部、井戸、小塩、鳥居、塔、上黒田、宮、下黒田の七ヶ村が禁裏御領地として復活した。こうして山国は皇室御領、梶井宮領、旗本杉浦氏領の三つに分割されたまま、統治が幕末まで続いた。

江戸時代は山国の物流にとって大きな出来事が二つあった。一つ目は慶長十一（一六〇六）年、角倉《すみのくら》了以により、山国を東西に貫き京都まで注ぐ大堰川に施行された大規模な開削工事である。これにより丹波～京都の水運が至便となり、一帯は物流・人の往来が盛んとなった。それと前後して山国の名主たちにより、円滑な筏流しを企図した浚渫《しゅんせつ》工事が繰り返されたため、木材流通は一段と効率を高めていった。こうした努力によって大堰川の水運はますます利便性を増し、丹波と山城間の交易における山国の存在感は嫌が応にも増していった。

二つ目は文久三（一八六三）年、豪商河村与三右衛門の考案により、嵯峨嵐山で大堰川から分水して東へと流れて千本三条へ繋がる運河、西高瀬川の開通である。これにより丹波からの流通はなお一層盛んとなった。そのため材木取扱いの出張所を京都に置いて、名主たちの一部はここに駐在していた。丹波の材木生産や、諸物産の運送から卸しまでを山国の名主たちが請負っていたのである。村民も様々な理由で京都へ往来したり、また移住しやすい環境にあったので、山国は京都から遠く離れてはいたものの、時局の動静をいち早く知る立場にあった。

【江戸時代末期の山国の領主】

領地	石高	領主
比賀江	三〇〇石	梶井宮
比賀江	三五石	杉浦氏
下	三八七石	杉浦氏
辻	二五一石	杉浦氏
中江	二三七石	杉浦氏
大野	三二四石	杉浦氏

領地	石高	領主
井戸	五〇石	常照皇寺
井戸	一六七石	皇室
鳥居	二五六石	皇室
塔	三九一石	皇室
小塩	一六六石	皇室
上黒田	一一八石	皇室
黒田宮	二〇九石	皇室
下黒田	一二〇石	皇室

＊石高は端数切り捨て

（二）禁裏御領地復帰運動と官位拝任

元治元（一八六四）年、政争に敗れた長州の討幕派は、洛中へ約三千名の兵力で侵攻したが、幕府と薩摩・会津などの連合軍に敗北し京都を追われた。のちに蛤御門の変と呼ばれるこの戦闘は一日足らずで終息したが、この時拡がった火災は三日間続き広範な京都市街が灰燼に帰した。この時には常照皇寺への避難は無く「三種の神器を入れたる唐櫃も椽側に並置せられ」（『中山忠能日記』）た状況で、三百年を経て朝廷と山国の関係が希薄になった様子が窺われる。

慶応二（一八六六）年、朝敵となった長州藩を幕府側が大軍で攻め入るが敗北を重ね、十四代将軍徳川家茂の病死で退却すると、幕府の威信は失墜した。薩長同盟により討幕勢力が再び頭をもたげ、朝廷の動静はますます重要さを増していった。前述のように、江戸期を通じて山国は分割されて幕府の支配を受けていたが、王政復古の気運が巷間に高まると、山国の名主たちは皇室領に統一する好機であると考えた。慶応二（一八六六）年三月頃から、山国五社明神社司総代の藤野斎《いつき》、水口《みなぐち》市之進、鳥居五兵衛、河原林安左衛門らは山国の皇室領統一を訴え掛けていた。彼らが纏めた『官位拝任再興手継書』には「再興出来たならば、山国郷中何より有難き仕合せに仕り、相応の入費も相掛り候えども」と、相応の出費も辞さない旨記されている。賄賂や礼金など莫大な金子が必要だったはずで、藤野たちの決意のほどが窺える。

まず彼らは水口市之進の実弟で、因州（鳥取）藩若代《わかしろ》家に養子に入った御納戸方京詰の若代四郎左衛門の助言を得た。事情通の若代は御室仁和寺の宮侍本多帯刀を紹介した。協議の末に関白（のちに摂政）二条斉敬《なりゆき》に神領復帰の要望を上書することとなった。二条斉敬は徳川慶喜の従兄弟で、佐幕派として公武合体運動を進めた孝明天皇の信頼厚い公卿である。しかし、この頃の朝廷は公武合体派とこれに不満を持つ尊王攘夷派の対立が先鋭化しており、山国の問題が俎上に載る余地は無かった。

そのため待望の返答があったのは、孝明天皇の崩御をはさみ一年も経った慶応三（一八六七）年三月下旬であった。しかもその内容は「山国願いの一件であるが、色々尽力周旋したが神領は以前の通りとのことである。今般は再興は無理であるが、まず官位拝任を願い出てはどうか」と期待に沿うものでは無かった。藤野たちの見込みと違って、朝廷の発言権が高まって来た慶応年間にあっても、摂政家に旗本の領地を組み替える力は無かったのだ。

図４　藤野　斎（山国隊軍楽保存会所蔵）

そこで助言に従って、まず藤野、水口、鳥居、河原林の四名が官位拝任の願書を議奏葉室中納言に提出した。関係各所への謝礼のほか、摂政二条斉敬への礼金三百五十両の大金を、持ち山を惜しみ無く売却し用立てた。こうして十一月十四日、藤野たちは叙任の沙汰を受け、従五位下、藤野近江守、水口備前守、鳥居河内守、河原林大和守に任ぜられることとなった。

叙任前日の十二月九日、京都を激震が襲った。闕下騒然、甲冑・銃槍を携えた兵士が東西に奔回し、禁裏内外、市中は俄かに騒々しくなった。御所周辺の只ならぬ様子を心配した藤野は、麻上下・熨斗目姿で河原林恵治郎と従卒二人を連れ、葉室中納言邸へ向かった。乾御門から入ろうとすると、薩州藩の兵が藤野に向かって銃槍を交叉させ止められた。名刺をみせて釈明しどうにか承諾を得たのだが、それもそのはずで、この日慶応三(一八六七)年十二月九日、王政復古の大号令が発せられていたのだ。それは岩倉具視ら復権した攘夷派の公家と、薩州・土州・長州主導の合議制による天皇親政の宣言だった。そのため禁裏各御門は兵を配して武力封鎖され、徳川慶喜は役職を解かれた。藤野たちが頼みとした摂政二条斉敬も職を解かれ、参朝を禁じられて失脚したのである。

翌十日、情勢緊迫の中で立ち消えとなることも憂慮されたが、藤野たちは無事官位を拝任し、「一統歓喜に耐えず躍躍」したという。因みにその翌日には別の名主たち四名が官位拝任の願書を提出したが、こちらは叶うこと無く明治維新を迎えた。

藤野斎たちが薩兵に足止めされていた十二月九日の夜、岩倉具視らは小御所会議を開き、慶喜に内大臣の官位と直轄領の返納を求めると決した。翌日には長州藩の軍勢が上洛して、二条城に集結した会津・桑名の幕府側と一触即発となった。慶喜は恭順姿勢を示すため大坂城に退去して巻き返しを図った。

この頃山国の名主たちは京都の情勢を危惧し、万一戦端が開かれた時の方策を協議していた。もしも朝幕間で戦争となった時には、朝廷に奉公せねばならない。禁裏御領統一のためには、是非ともここで忠節を示して統一運動を前に進めたいところである。そこでまず、御所の警衛に参加することに決した。戦国時代、戦災に荒んだ禁裏の御警固に駆け付けた先祖に倣って奉仕するものである。そして第二の案は、郷士中最も深謀遠慮に長ける水口市之進の発案で、長期戦に及べば米・塩など糧食の補給路が閉鎖され、新政府軍はおろか町衆も窮することになる。丹波一帯では親徳川勢が弱いことから、山国で米・塩を買い集めて京都へ供給しようというものである。材木の販売で培った輸送・販売の術を駆使した山国郷士にしか出来ない奉公であった。事変勃発の際は、これら二案を新政府へ上奏することと決した。毎年正月には収支決算の会合に山国の有力者たちが出席するので、奉仕二案を諮るため藤野斎、鳥居五兵衛、河原林安左衛門の三名は一時帰郷した。

慶応四（一八六八）年一月一日、いよいよ旧幕軍の先鋒が「討薩表」を掲げ、鳥羽・伏見の両街道に別れて京都へ進軍、いよいよ決戦の火蓋が切られようとしていた。一月三日、鳥羽に布陣した薩兵が機先を制して砲撃を開始。伏見御香宮《ごこうのみや》に布陣の薩兵も呼応して伏見奉行所へ砲撃を始め、鳥羽・伏見の戦いが始まった。旧幕軍は約一万五千名の兵力で、最新鋭の仏式伝習隊を擁していた。対する新政府軍も装備では劣らないものの兵力は総数四千名ほどとみられ、苦戦は必至と思われた。

京都に残った水口市之進は早速、予て定めた方策通り、米・塩供給の件を若代と因州藩邸へ進言すべく出向した。協議多忙中として進言は受け付けられ無かったが、水口は邸内の異様な高ぶりを感じ取っていた。そこでは、のちに山国隊の隊長となる因州藩士河田左久馬が藩士たちの前で「伏見の官

図５　「鳥羽伏見合戦図」
保勲会「錦御旗　戊辰戦記絵巻」（保勲会、1895年）より。

軍苦戦なり。奉公を立つるはこの時にあり」と薩州への援軍を主張していたのだ。藩主の池田慶徳《よしのり》は、徳川慶喜とは実の兄弟だった上に、病床のため入京が叶わず、未だ旗幟を鮮明にしていなかった。

河田は激烈な討幕派で、過去に佐幕派の慶徳側近を暗殺して謹慎処分となったこともある（本圀寺事件）。その後も蛤御門の変に長州側で参戦、池田屋事件に関係するなど不穏な所業を咎められ、ついに本国預り謹慎となった。それでも第二次長州征伐では長州藩に駆け込み幕府軍と戦ったという、まことに勇猛果敢の人物である。のちの東征では因州藩内参謀に任ぜられ、山国隊隊長を兼務した。河田の熱弁が功を奏したか、在京の因州藩兵は鳥羽・伏見の戦いに参戦することとなった。

四日午前、新政府は幹部を緊急招集。万一

旧幕軍が洛中へ攻め入った場合を想定し、天皇の潜幸先を山陰道に定めた。山国の知恵者水口市之進が睨んだ通り、山陰地方は旧幕勢力が弱いからである。そこで山陰道鎮撫総督に西園寺公望が任命された。西園寺は弱冠二十歳ながらも、岩倉に見出され新政府の参与に抜擢されていた青年公卿で、丹波口の警固に当たっていた。

五日、西園寺は薩長の兵三百名を率いて南桑田郡の馬路《うまじ》（現京都府亀岡市馬路町）へ入った。馬路も平安奠都《てんと》で御杣御領として竹木を納めていた関係で、代々尊王心の厚い土地柄だった。そこで幕府は朝廷の権力を抑制するために旗本杉浦氏の領地に組み入れ、代官所を設置した。にもかかわらず蛤御門の変では郷士六十余名が禁裏守衛を願い出るなど、郷民の尊王心は衰えていなかった。このあたりの事情は山国の場合と似ている。

こうした背景があって、総督府は最初の拠点として馬路を選んだのだった。先遣隊から出迎えを命じられ、馬路郷士たちは松明を灯して駆け付けた。余談だが、西園寺の開いた私塾の名を継承して「立命館大学」を創設した中川小十郎は、この時郷士たちを率いた中川武平太の養子である。

西園寺は手勢三百名では合戦となった場合に心許なく思ったか、丹波の村々へ以下のような檄文を飛ばし、各村の郷士を呼び集めようとした。

一　王政復古に付ては、是迄幕吏の悪弊を相改め、士民安堵の御処置なされ附候間、聊も疑いたし
　　間敷候事

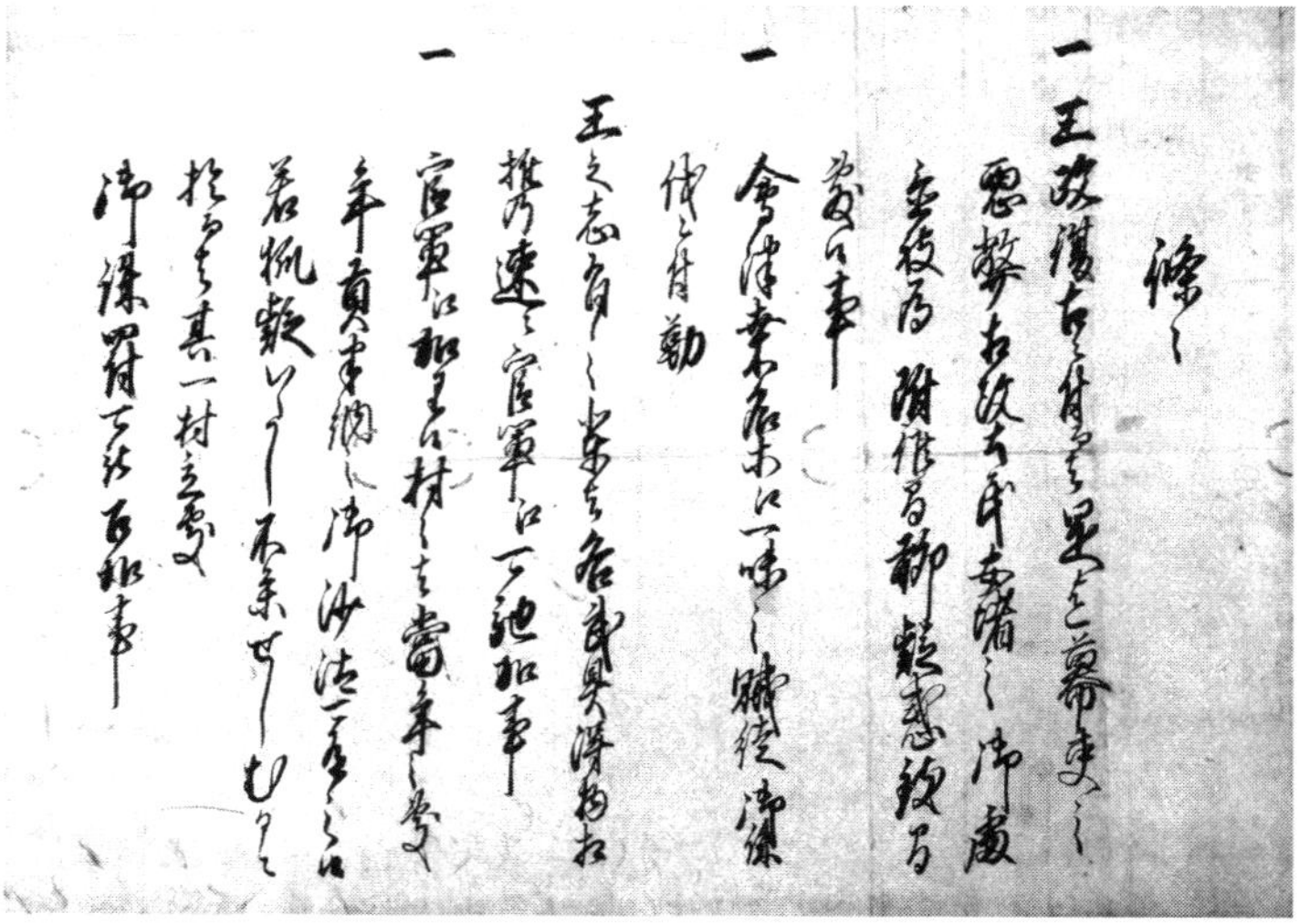

図６　檄文(山国隊軍楽保存会所蔵)

一　会津・桑名等へ一味の賊徒御誅伐に付、勤王有志之輩は、各武具得物相携へ、速に官軍に馳加るべき事

一　官軍へ加り候村々は、当年限り年貢半納の御沙汰これ有るべく候、もし狐疑いたし、不参向に於ては、その一村立処に御誅罰相加えらるべき事

戊辰正月四日

山陰道鎮撫使

この檄文がいつ山国に届いたかは不明であるが、その反響は以下の如くであった。

「右檄文の達するや、我士郷士何ぞ躊躇せざらんや。これに加え、社司拝任願志、其端緒を開き、年来の積志初めて立、是より益々勃興の秋に乗ずるの階梯を得るの時至れりと、四沙汰人(官位を拝任した四人)を始め、名主一統団結蹶起し、応分の勤王を屹立し、久しく沈淪の綸旨を復古せん」（仲村研・宇佐美英機編『東征日誌』。以下、『東征日誌』）

山国では、この絶好の機会に勤王奉公し、久しく途絶えた禁裏御杣御領を復活しようと、名主一統団結決起を誓ったのだった。

(三) 山国隊の結成と郷士たちの分裂

一月六日夜、藤野斎と河原林安左衛門は、中江村の西善五郎《にしぜんごろう》宅に集まった五ヶ村の代表者と年末の官位拝任の件や、定例の決算報告などを話し合っていた。一通り話も終わり、戦況については、明日急使を派遣しようと、ひとまず懇親の盃を傾けていると、雪降る中を、馬路にいるはずの旗本杉浦領代官、人見団五郎がやって来た。彼は濡れそぼつ身を震わせつつ、

「馬路陣屋を襲われ、かろうじて裏門より脱走して来たが、連れ合いも離散して行方知れずである。どうか匿ってくれ」

と声を潜めて話した。曰く、西園寺の先遣隊が馬路に陣を構え、志願を募るや皆悉く官軍に従い、代官を敵視して誰も陣屋に来ないので、怖くなって脱走したのだという。続いて萩原連之助（領主杉浦派遣の役人）が合流すると「ここは不用心だから」と二人して大野村へ逃げ去ったのだが、間際には普段の尊大さを取り戻し、

「各村より一人宿衛を割り当ててくれ。密かに捜索して馬路の形勢、薩長の進退など報ずるように」と言い残すことも忘れなかった。普段領民からダンゴと陰口される代官の周章狼狽ぶりに、皆笑いを禁じ得なかったようである。

人見団五郎から逼迫する状況を知らされた名主たちは、居ても立ってもいられず、藤野ら約二十名は雪中徹夜で馬路へ向かった。在京の水口市之進には急使として橋爪千代蔵、橋爪治兵衛を送り、明朝現地で落ち合うとした。水口は戦況視察のために辻啓太郎と高室誠太郎を淀方面に派遣する一方、自らは因州藩新屋敷そばの薩州木場に宿舎を求めて実弟若代と戦況を見極めていた。

実はこの頃、既に鳥羽・伏見の戦いは決着が付いていた。仁和寺宮が錦旗を押し立てて淀付近まで進むと、旧幕府側は朝敵になるのを恐れ、淀藩、藤堂藩が立て続けに恭順したのをきっかけに、総員雪崩を打って大坂城へ敗走。しかも徹底抗戦を説いたはずの慶喜が、夜密かに側近・幕閣らと大坂城を脱し、軍艦「開陽」で江戸へ退却したのだった。

七日早朝、夜通し歩きづめでようやく馬路に到着した藤野ら一行は、京都から来た水口一行と、同道した若代四郎左衛門、同じく因州藩士で若代の同役榎並《えなみ》祐之丞と合流した。既に代官所は官軍に接収され総督府の臨時留守役所となっていた。一同揃って出頭し官軍に馳せ加わりたい旨届け出ると、西園寺は既に馬路郷士を先頭に園部へ向かっているとのことだった。早速街道を追いかけたところ、突如刀槍を構えた壮士五、六名に誰何《すいか》された。白刃を眼前に慌てる皆を余所《よそ》に、藤野は落ち着いて名刺をみせ「檄文に応じ官軍に加わるべく伺候の途にある」旨告げると、彼らは総督護衛の薩長兵であったので、その挙行を大いに称え、西園寺が休泊する鳥羽本陣（現京都府南丹市八木町鳥羽）に届け出るよう指示された。こうしてようやく総督府一行に合流が叶い、本陣に申し出ると、側近より小浜藩の敗残兵が此方に逃走中なので直ちに援兵有りたしとの達しがあった。直ちに榎並祐之丞、辻啓太郎、高室誠太郎らを派遣し、脱走兵二名が農家で食事を乞うていた処を踏み込んで捕縛した。さらに暮れ方まで捜索を続けたものの、他には脱走兵の捨て置いた銃二挺を分捕りしたのみであった。ここまで、一同不眠不休の強行軍で疲労困憊であったので、この日は本陣近くの船枝《ふなえだ》村（現京都府南丹市八木町船枝）の酒造家勘右衛門方へ投宿した。

翌八日、一同総督府に加わるにあたり諸問題を協議したところ、まず軍費の不足が予想された。さらに人数、取り分け青壮年が少ないうえ、武備も整っていなかった。京都から来た水口たちは陣羽織、義経袴に陣笠を被り、手槍を携えるという厳めしい出で立ちであったのに対し、藤野たちは各人まちまちの格好だった。そこで水口から「一隊の出で立ち、斯様に思い思いでは不都合である。笠、陣羽織、義経袴を一様せん」と提案があった。これについては、河原林清三郎・河原林喜間太両名を京都へ派遣してひとまず帰村し、名主仲間や有志に諮って、体制を建て直したうえ、改めて総督府に加わると決した。

翌九日には中江村の小畠義彦宅の山国名主会、十日には比賀江村の庄平四郎宅の十ヶ村集会があり、藤野、水口、辻と、若代、榎並らは、時局の情勢焦眉の急なるを説き、草莽決起、義勇隊を組織するとして村民に加盟を呼び掛けた。一方で因州藩士那波《なわ》九郎左衛門が軍務諸事協議のため山国入りし、誓書を認めて、沙汰人（指導者）を藤野近江守、水口備前守、鳥居河内守、河原林大和守とした。さらに名主以外の村民にも呼び掛け、手柄を立てた者は郷士に昇格させること、恩賞を受けた場合は均しく配分することなどを約束した。また隊を編成して、十二名ずつで伍を組んで組頭を各一名ずつ置いた。こうした考えはかつて洋式兵学に基づき草莽隊の立ち上げに尽力した那波との協議の成果と思われる。那波はかつて奇兵隊で幕府と戦った戦巧者で、のちに山国隊組頭となって共に戦い、京都凱旋後も隊のために尽力した義理堅い人物である。

こうして名主その他七、八十名が加盟に及んだ。ただし、意見の相違から隊を二分し、第一陣は山陰道鎮撫総督西園寺の本営へ、第二陣は征討将軍仁和寺宮に随従するため大坂の本営に向かうことになった。この第二陣とは、四日の仁和寺宮征討大将軍出陣の報に接し、これに随従しようとする者たちで、鳥居・河原林が率いていた。密かに前出の本多帯刀に斡旋を頼んでいたのだが、藤野・水口の西園寺総督府合流の機運が高まったため、ようやく披瀝したものと思われる。檄文が届いた時は「名主一統団結蹶起」と意気込んでいた訳だが、残念ながら主導権争いが高じて郷士が二分されてしまったのだった。なお、黒田三ヶ村の村民は独自に奉仕するとして加わらなかった。

十一日、山国神社に第一陣六十四名、第二陣二十七名から成る郷士隊と因州藩周旋方十二名が勢ぞろいしたのは朝八時頃であった。神前にて一同お神酒をいただき、藤野が誓書を朗読した。

誓　書

一　今般名主一同勤王を唱へ有志之銘々団結出兵致すべき輩は、相互に私論を省き、万事公道に随うべき事
一　出張中は四沙汰人・組頭の指揮に相背き申すべからず、最も忠勤尽くすべき事
一　往還道路筋において、乱暴猥りがましき儀、一切禁制たるべし、諸事相慎み申すべき事
一　同志の者私論申立て、口論一切致しまじく候、尤も酒は禁酒同様たるべく事
右の条々、堅く相守り申すべく候、もし違乱これ有においては、社司仲間相省き、即日解放申付べきもの也

慶応四辰年正月十一日

山国社司総代理
四沙汰人中
組頭中

朗読が終わるとくじ引きによって第一陣を西軍、第二陣を東軍と定めた。そして家族、郷民の見送る中、郷士隊は勇躍出陣した。藤野・水口が率いる西軍は周山で東軍と別れたのち、西園寺鎮撫総督を追って園部(現京都府南丹市園部町)へ向かった。

一月八日、西園寺一行が亀山・園部両藩の恭順を受けて園部へ入ったところ、敗走中の小浜藩が篠《ささ》山《やま》藩と連合して抗戦準備中との報せを受けた。しかし総督軍は寡勢であったので、馬路郷士が弓箭《きゅうせん》組を召集すべしと建言した。弓箭組とは南桑田、船井両郡の郷士から成り、源頼政に従って以来、弓箭

図７　弓箭組

の技を伝承し続けた武装集団のことで、第一回時代祭で山国隊と共に番外参加し、のちに時代行列の後衛を担当するのは彼らの末裔である。以下は、弓箭組糾合の令書である。

丹波弓箭組勤王の者、篠山口御発行に付、人数入用候間、支度調次第明日明後日の内、御本営に馳付申すべく候事

慶応四辰年正月九日

官軍執事㊞
馬路村両苗総代
人見立之新
中川禄左衛門

因みに連名の馬路郷士中川禄左衛門は、前出「立命館大学」創始者中川小十郎の実父である。十一日には、西園寺一行が福住《ふくすみ》（現兵庫県篠山市福住）に入ったところで弓箭組二百名が馳せ参

じ、いざ決戦の気運が高まったのだが、小浜藩主酒井忠氏は自ら投降して恭順を申し出たのでまったく拍子抜けとなった。

同日、藤野・水口率いる西軍は、恭順した園部藩から丁寧な出迎えを受けたが、総督一行は福住へ出発した後だった。十四日には福住に辿り着くが既に総督は出発後だったので北小路源三郎と辻定次郎を捜索に出した。

その結果十六日に総督府本陣が福知山に在るとの報せが来たので、積雪一尺余りの山道を踏分け進んだが、凍寒に堪え兼ね途中の檜山（現京都府綾部市安国寺町檜山）に入り、本陣旅館山内軍治方に投宿した。暫く経って、帰京していた榎並祐之丞が早駕籠で追い付き「これより総督府本陣へ参って、諸君の進退を伺う」と言って直ぐに出発した。

その夜、榎並が因州藩士伊王野《いおの》治郎左衛門を連れ再び宿所に現れた。榎並は道中で帰京の途にあった伊王野と偶然出会い、郷士隊について相談したのだった。伊王野は大坂の緒方洪庵の下で医学と蘭学を修めた秀才で、のちに初代久美浜県（丹後・丹波・但馬・播磨・美作を管轄。一八六八～七一年）知事となった。この時は周旋方として西園寺に随伴していたため、総督府の内部事情に精通していた。早速総督府本営に諮ったところ「人数は既に足り、且つ沿道諸藩も無血平定につき出兵には及ばず。格別の志、感賞に堪えないが、別段御用の筋も無く、ひとまず帰国し沙汰を待て」とのことであった。総督府には、帰順した藩がその証しとして約一個小隊ずつ派遣していたため、後日削減したほど兵は足りていたのだ。

これを聞いた郷士のほとんどが、

「このまま帰郷するは遺憾なり」

「東軍と合流して、朝廷に我々の勤王素志を訴えるべし」

と矢継ぎ早に声を上げた。しかし伊王野は泰然として郷士たちを諭した。

「実に立派な志であるが、戦場では武士でも我を見失うのに、ましてや未訓練の農兵であろう。それに昨今の兵制は軽装で銃砲を主に戦うが、諸君の行装はそれには程遠いではないか」

一同答えられず無言となったが、藤野が沈黙を破り、

「仰せの通り、我々は戦場を知らぬ。されど一命を賭して勤王奉公する覚悟でここまで来たのだ。水汲みでも薪運びでも力を尽す所存である」

藤野の真摯さに伊王野は思わず手を打ち
「果して、各々方は如何か」

と問えば、一同
「しかり！」

そこで伊王野はさらに続けて、

「しからば、余は早駕籠で京師へ帰り、因州藩に、その忠誠の志が朝廷へ貫徹出来るよう斡旋致す。よって今後は諸事弊藩に相談あれ。諸君も明日上京せられよ」

伊王野の言葉に一同意気軒昂。燗酒を用意し、共に快飲した。その晩のうちに伊王野は榎並を連れ

早駕籠で出発した。

十八日、藤野ら西軍は京都に到着。堀川椹木町《さわらぎちょう》下ル近江屋与兵衛方に宿を取った。直ちに隊士を差し向け東軍の様子を調べさせたが、何ら消息を摑めなかったので、西軍のみで因州藩の斡旋を受けることにした。実はこの時東軍は大坂を発っていて、翌日には京都に着く予定であった。だがこの一日の違いが、のちに郷士間に大きな亀裂を生み出してしまうのである。

藤野、水口、若代は伊王野、榎並と合流、因州藩家老荒尾駿河邸を訪れた。郷士一同勤王奉公の宿志を披歴し朝廷へ取次ぎ願いたい旨陳述したところ、荒尾は大いに称賛し、共に参与役所へ赴き請願することとなった。間もなく、議定岩倉具視との謁見が決まり、藤野、水口は荒尾と同道し参与役所に出向いた。

岩倉の養父岩倉具慶《いわくらともやす》の叔父は、慶応二（一八六六）年まで常照皇寺の住職を務めた靖翁《せいおう》和尚《おしょう》であったため、山国とは浅からぬ縁があった。同寺には岩倉が紫宸殿から株分けした桜がある。そのためかどうかは分からないが、岩倉は直接藤野たちの前に現れ、請願を聞き終えるとこう告げた。

「これより『山国隊』を名乗り、因州藩に加わり中立売御門警衛を命ずる。追って何らかの沙汰が有るであろう」

書面も無い略式であったが、最高権力者直接の申し渡しであり、たいへんな厚遇と言える。なお、山国隊誕生の日付であるが、藤野の『東征日誌』では一月十八日なのだが、水口民次郎著『丹波山国隊史』では荒尾邸訪問の翌十九日午前になっている。確かに、因州藩家老に斡旋を承諾されたその足で岩倉に会う、というのは段取りが良過ぎる気がするので、こちらが正しいように思われる。ともあれ、こうして山国隊が誕生したのだった。

一方、話は戻って鳥居・河原林率いる東軍である。めざす仁和寺宮征討大将軍は、錦旗を掲げて大坂に滞陣中であった。東軍はまず京都の御室で前出の本多帯刀と合流、装備など整えて十四日に大坂淀屋橋の旅宿に入った。そこで本多の周旋で仁和寺の宮随従を請願して廻ったのだが、本営には「折角の申し出であるが、改めて参与役所へ請願し、郷に帰りて後命をまつべし」と謝絶されてしまう。この時旧幕軍は殆どが敗走して大坂はもぬけの殻であったので、未訓練の農兵には用が無かったのだ。そもそも義勇兵を集めたのは西園寺であって、仁和寺宮ではないのだから、致し方ないことだった。

十八日、東軍本隊は鳥居五兵衛が率いて船で淀川を遡り、河原林安左衛門率いる別動隊は陸路丹波経由で藤野たちの動静を探索しつつ、京都へ引き返した。

二十日、藤野・水口の西軍と合流した鳥居率いる東軍本隊が、会合を開き今後の相談をしたのだが、隊内では論が二分した。

「東西両軍一致して因州藩に属し、勤王の素志を屹立せん」

と、山国隊に合一しようと説く藤野に対して、

「官位拝任したからには我らは朝廷直属である。よって陪臣の因州藩には属さぬ。独自に御親兵を請願致し御所警衛を為さしむべし。諸君らも因州藩附属を解消せよ」

と鳥居は、あくまで独自の奉公を主張して議論は平行線に終わった。二日目は東軍別動隊の河原林ら

も加わり議論したが、慰労の酒宴も兼ねていたためか、本来諌め役の年長者、鳥居五兵衛と辻彦六が勢い喧嘩沙汰にまで発展する有り様であった。河原林が「わが方に縁故ある者は来たれ」と席を蹴るや、藤野と行動を共にするはずの大野村、中江村の者までが付いていった。会合は不首尾に終わった。二十三日、新たに「親兵組」を立ち上げた鳥居・河原林は、西村彦市、河原林恵次郎と参与役所へ出頭して請願書を提出したところ、二月五日になってようやく御沙汰が下された。しかも、因州藩を通じてであった。

因州へ
山国村社司河原林大和守、鳥居河内守外同志二十余人、右は先達て御沙汰に相成候水口備前守、藤野近江守同様其藩へ組込むべく候事
二月五日

今さら因州藩附属となって藤野たちと行動を共にするなど、面目が立たない。かといって朝命を拝辞するなど考えられない。まさに進退窮まったわけだが、とりあえず代人を出頭させて御沙汰書を拝受し、諾否の明言を避けたのだった。

その後も親兵組は京都に私設の屯所を設けて、なんとか勤王奉公の道筋を付けようと尽力し、仁和寺宮随従の再申請、西園寺総督軍の随従、親兵隊への編入など機会を得たが何れも上手くいかなかっ

た。親兵組自身も軍費負担を避けたり、御所警衛に拘るなど自ら条件を厳しくした側面もある。御所警衛は開戦当初と異なり重要性が薄れたうえ、名誉職であるので在京諸藩が相次ぎ志願していた。時勢の変化により、かつて山国郷士が朝廷に召集された時のようにはいかなかったのである。

(四)　山国隊の兵式と編成

一月二十一日、山国隊は那波たちの勧めで油小路中立売の因州藩新屋敷に移り、一日玄米一升宛の禄で屯営生活を開始、拝命した中立売門の警固を務めつつ、奉公の日を待っていた。二十八日、藩教導方丹羽賢次、軍式頭取遠藤半太夫、御使番岡村喜兵衛が相次ぎ訪れ、いよいよ明日から調練稽古を受けるよう申し入れがあった。

因州藩は洋式兵学の教師を招聘し、北野天満宮近くの椿寺《つばきでら》前の茶畑を練兵場として造成、藩士の調練を始めていたのだ。因州藩では慶応二(一八六六)年秋頃からオランダ式兵学を取り入れ兵制改革を始めたが、この頃はイギリス式、オランダ式の兵式が混成していた。

山国隊の調練がどちらの兵式だったか史料は無いが、のちに江戸でフランス式調練を受けた際、僅か一日で「頗る賞声これ有り」というほど熟達したことから、オランダ式だったと思われる。と言うのもフランス式とオランダ式は共通点が多いのだが、イギリス式とは少なからず差異があるからだ。その後イギリス式の部隊と合同訓練した際には「英仏合併調練せし処協合せず」と藤野は日誌に記している。従来の解説では「山国隊は仏式《フランス》軍事調練を受けた」としているが、京都でオランダ式、江戸でフランス式調練を受けたとするのが妥当かと思われる。

山国隊の持参した装備は刀槍が主であったので、因州藩から当時旧式となっていたゲベールを借り受けた。ゲベールとはオランダ語で銃という意味で、球形弾を発射する歩兵銃である。欧米では既に椎の実弾を発射するミニエー銃が主流となっていたが、日本ではまだゲベールが多く出回っていた。因州藩は他に先んじて薩長に与したおかげで、ミニエー銃を購入する道筋が出来た。そのため従前使用していたゲベールを山国隊に下げ渡したのだろう。銃器は調練中より徐々に交付されていったようで、全員に支給されたのは二月十三日朝の出征直前であった。

山国隊は毎朝調練参加の前に、北野天満宮に参拝し武運長久を祈った。山国から洛中への入口に位置するため、郷民にとっては馴染みの神社であった。同社殿西北角の乾《いぬい》社前には山国隊銘の入った石灯籠があるが、これは明治二(一八六九)年の凱旋後に、山国隊が感謝の証として奉献したものである。

二月八日、藤野、水口は呼び出しを受け、荒尾駿河と共に参与役所に赴いたところ、そこで岩倉具視より直々に

「その方共、壮兵一小隊を募り因藩に加わり、十二日出陣せよ」

との御達しを受けた。二人が慎んで承るや、岩倉は

「草莽の徒よ、殊勝者よ」

と、いたく感賞したようであった。

その夜一同は祝宴を開き、赫々たる戦果を挙げげんと勇を鼓した。水口が皆の前に出て、

「諸君、出征にあたり山国隊の組頭には藤野斎君を押したい」

と告げると、集まった者たちは
「異議無し！」

「承知！」

口々に応諾した。

「諸君の望まるるに任す」

藤野は笑って快諾し、水口に
「君は蕭何《しょうか》たれ。我韓信《かんしん》たらん」

と返答した。蕭何は漢の皇帝劉邦に仕えた名宰相で、のちに大将軍となる韓信を見出した英傑。この二人の故事になぞらえて、藤野は推薦した水口の友情に応えて立派に武勲を挙げると、決意を述べたのだった。


東征に発つ前に荒尾駿河邸へ伺い、出兵中の心得など委細を打ち合わせ、当分の間は山国隊の隊長を因州藩士馬場金吾の兼務とし、組頭を藤野と確認した。一小隊の編成は藤野たちに任されたが、全員連れては行けない。因州藩の兵制では一小隊三十四名と決まっていたので、小隊の人員を水口、辻彦六と相談のうえ選定し、残った留守隊を水口が預ることとなった。日々の御所警衛、これから負担が増す軍資金の問題や、親兵組との和解など諸事万端を託したのである。

二　山国隊の東征参加

(一)　京都発陣

京都の因州藩新屋敷に宿営していた山国隊へ、出陣の命が下されたのは慶応四（一八六八）年二月八日のことである。この日参与役所に出頭した藤野斎は、岩倉具視から「壮兵一小隊を募り、因藩の手に加わり、十二日出陣致すべき」（『東征日誌』）ことを命ぜられ、帰営後直ちに準備に取り掛かった。因州藩では一個小隊の編制が三十四名となっていたため、在京の山国隊士全員を出征部隊に組み入れることは出来ず、出征を希望する者の中から、藤野斎・水口市之進・辻彦六の三者が相談して人選を行った。なお出陣は予定より一日遅れて十三日となり、十二日には因州藩家老の荒尾駿河守から、同藩士馬場金吾を山国隊隊長に、また藤野を組頭に任命する旨が申し渡され、出征部隊が次のように編成された（『東征日誌』）。

隊長　馬場金吾　　　　従士　治三郎
組頭　藤野近江守　　従士　北小路源三郎　橋爪千代蔵
一伍長　辻啓太郎　水口幸太郎　前田庄次　久保秀治郎　刀差渋谷利三郎　同田中浅太郎
二伍長　高室誠太郎　藤野寛次　上野平左衛門　北小路佐藤次　北小路萬之輔　刀差塔本清助
三伍長　水口源次郎　高室治兵衛　平井利三郎　森脇一郎　刀差田中久馬治
四伍長　辻繁次郎　草木栄治郎　田中伍右衛門　佐伯権之丞　刀差仲西市太郎
小荷駄方　久保為次郎　刀差新井兼吉　同大前松之助
〆三拾人　但、未至着の者遂て御届申し上げるべく候也

このうち山国出身の隊士は二十八名であるが、出陣に際して「未至着」だった六名が二月十五日に遅れて隊伍に加わり、三十四名の定員を充足した。因みに名簿の中に「刀差」とあるのは、山国において「名主」の下位に位置付けられた階層で、出征当初は「名主」の従者という扱いだった。こうした身分上の差別は、東征途上の山国隊内部で折に触れ不協和音を生む原因となり、藤野斎はそのつど隊内和合のための懐柔に腐心することとなった。他方、京都に残留した二十名余の隊士たちは、水口市之進の指揮下で資金繰りや郷里との連絡といった後方業務に当たる傍ら、御所の警備を担当することとなった。

山国隊に向けて発せられた出陣命令は、先に進発していた東山道鎮撫使(二月六日に東山道先鋒総督兼

鎮撫使と改称）増援のため、因州藩兵を含む後続部隊を派遣するという東征大総督府の方針に従ったものだった。東山道鎮撫総督府の総督は岩倉具定《ともさだ》で、麾下兵力はこの派兵により、主力となる薩州・長州・土州・因州四藩に彦根・大垣などの諸藩を加えた約五千名に増強されることとなった。このうち家老和田壱岐を総隊長とする因州藩兵は、本家の小銃八小隊・大砲半坐・輜重隊・和田壱岐手兵など六四八名と、分家二家の銃隊・先手銃隊・輜重隊など一四八名を合わせた、計七九六名に及ぶ士卒から構成されていた（東京大学史料編纂所編『復古記　第十一冊』）。山国隊は出陣に当たって、同藩の「十三番隊」とされ（『東征日誌』）、本家小銃小隊のひとつに含められることとなった。山国隊の京都発陣は、前記のように予定が一日延期されて二月十三日となったが、隊士たちは大勢の見物人に見送られながら、朝四ツ時（午前十時頃）に冷雨の降る中、中立売の因州藩新屋敷を出発した。

京都を発った山国隊は、岩倉総督とそれに従う東山道軍先発隊が滞陣する大垣をめざして、中山道を進んだ。山国隊が大垣に到着したのは二月十七日で、二十一日まで城下の納屋権十郎邸に宿陣したが、この大垣滞陣中に隊士たちは血判の「盟書」を作成することとなった。こうした「盟書」が作られた背景には、因州藩参謀局から山国隊へ下された「是より先は皆敵のみなり、真の戦争の地なり、察するに山国隊は郷士隊なり、烏号《ママ》の兵なり。数代恩顧を受くる侍でも、戦場に臨み刀槍の光を見ると、敵に背を見せる者も少なくない。郷士の結合は美挙であるが、万一戦場で不覚をとること、官軍にとり大なる不利を生ずるから、今日までの志は賞すべきも、先ずここより帰郷するが宜しかるべし」（水口民次郎『丹波山国隊史』。以下、『丹波山国隊史』）との内達に対し、隊士たちが血判状を作成して従軍を陳情したという事情があった。「盟書」の全文は次のようなものであり、これを受けた因州藩参謀局からは「斯程の決心ならば東征軍に参加せられたし」との応諾を得ることとなった。

盟　書

一　今般　御親征先鋒御供仰せ付けられ、勤　王有志の銘々一統、赤心報国相励み出張候上は、御陣中御規則堅く相守り、軍忠を尽し、仮令陣前に討死候えども、相互に遺恨の義これ無きは勿論、共に倶に国家に万分一を報いるべき志願に付き、若しも死亡の者これ有り、名蹟相続方にも拘はり候程の義出来候節は、一統示談を遂げ、彼我に拘わらず、家名相続候様、相互に戮力扶助致すべきの約定に候也、右件盟書候上は、出先の銘々は申すに及ばず、子々孫々永く王事に鞅掌《おうしょう》致すべき候条、後鏡の為連判、仍て件の如し

于時慶応四戊辰年二月廿日

山国隊連名

森脇市太郎　血判

田中伍右衛門　血判

上野平左衛門　血判

佐伯権之丞　血判

北小路佐藤次　血判

平井利三郎　血判
久保秀治郎　血判
草木栄治郎　血判
高室治兵衛　血判
北小路萬之輔　血判
藤野寛治　血判
辻繁太郎　血判
横田太郎左衛門　血判
前田庄司　血判
水口源太郎　血判
高室誠太郎　血判
水口康太郎　血判
辻肥後　血判
藤野近江守　血判
新井兼吉　血判
久保為治良　血判
田中久米治良　血判

同　浅太郎　血判
藤野宇之輔　血判
渋谷利三郎　血判
橋爪平八郎　血判
北小路源三良　血判
大前松之助　血判
橋爪千代蔵　血判
中西市太郎　血判
高室重蔵　血判
塔本清助　血判

右出張人数三拾四人
濃州大垣城下納屋権十郎宿陣中の盟也

（『東征日誌』）

なお、この「盟書」を作成するに当たっては、山国における従来の身分格差をめぐって、「名主」の従者格に位置付けられていた隊士たちから「旧に拠りて上下の別を堅るものは、軍門に臨む者の為し得えざるものにして自ら、生命に軽重を生ずるが如き弊なきを免れず」との声が上がり、「今日上下の別を解き、協力一致心を以て、偏に当隊の団結をして、益々堅固」にすることが再確認される、という一幕があった。この結果、従者格の隊士たちに銃や荷物を担がせるのをやめて別に人足を雇入れることに落ち着き、ようやく「一隊中の士気、弥々震起和合」の方向へ向かったという。もともと従者格の隊士たちは、義勇隊として山国を出発する直前から「名主格へ取りたてること」を要求して来た経緯があり（仲村研『山国隊』。以下、『山国隊』）、山国隊が凱旋帰郷を果たしたのちの明治五（一八七二）年になってからも、前出の「盟書」に「連名等級違差これ有り候様に相見へ候えども……後々末代に至るも上下の差分聊かもこれ無き候条、一同塾議決定候」旨の奥書が加筆されている。伝統的な格式に基づく身分差別を解消することは、当時にあってはそれほどまでに難しい社会問題だったと言えるだろう。

さて、二月二十一日に大垣を発った山国隊は、同日昼頃に河渡宿《ごうどじゅく》に到着、ここに宿営することとなった。この日、朝廷から賜った「錦御肩印」が隊士一同に配布され、粗末に取り扱ったり紛失したりする者があれば厳科に処す旨と、「左の肩へ付け申し候事」が達せられた（『東征日誌』）。この肩印は戊辰戦争において「官軍」であることを示す統一的な標識となったもので、当時一般に「錦切《きんぎ》れ」と呼ばれた。翌二十二日、山国隊は大雨で激流と化した河渡川を小船で渡り、鵜沼宿《うぬまじゅく》に入った。同夜、京都から胴服・三才羽織・シャモ袴などの戎服《じゅうふく》が届き、山国隊士の陣中装束は一新されることとなった。ただ、これらの戎服は「仕立て方甚だ粗、かつ不格好」で、隊士一同大いに不満であったことが藤野の日誌にみえる。おそらく京都の仕立屋は、和製洋式の戎服の縫製に不慣れだったのであろう。

山国隊はさらに中山道を東に進み、三月一日には上諏訪へ入り滞陣することとなった。この日、下諏訪の総督本営において軍議が開かれ、東山道軍全体がこのまま江戸をめざして中山道を進むべきか、甲州道中に支隊を派遣して甲府の鎮撫を行うべきかが論議された。軍議の結果甲州支隊を派遣することが決まり、諏訪高島藩兵の一隊を「嚮導兼兵粮方」として、因州・土州両藩兵が甲府方面に進出することとなった。山国隊も甲州支隊に加わって三月三日に発陣することになるが、それに先立つ同日午前に因州藩家老和田壱岐より「馬場金吾隊長を免ぜられ、更に河田佐久馬を以て隊長たるべき」旨の通達を受けた。藤野はこの隊長交代について「一隊大に安堵の思いを表せり」と日誌に記しており、前隊長の馬場金吾と隊士たちの間で何らかの齟齬を生じていた様子が窺われる。

三日の午後、上諏訪を発った山国隊は、五日に韮崎で新隊長河田佐久馬を迎えたのち、甲府城下へ入った。旧幕時代に天領であった甲府は佐幕色が強く、入城に際しては「此土、未だ王化に伏さずして、なお旧幕の制札を掲げり。既に敵の重地に入る。何時接戦計るべからず。鉄砲に玉込めを為し、刀を握って進軍す」（『東征日誌』）という状況だった。東征軍を迎えた甲府市街は物情騒然たる有様で、万屋弥五右衛門方に宿営した山国隊は、草鞋を穿いたまま銃を枕に暫しの休息を取った。五日夜四ツ時（午後十時頃）、出動命令を受けた山国隊は因州藩四番隊と共に教安寺《きょうあんじ》に入って待機し、夜七ツ時（六日午前四時頃）に「賊あり、二里外に逆寄来たる」の報を受けて、暗夜泥道の中を前線へ向かうこととなった。この時来襲したのは、元新撰組局長近藤勇（大久保大和と変名）の率いる甲陽鎮撫隊で、約二十名の元新撰組隊士に新規徴募の浪人・浮浪者を加えた、二百名程度の兵力を有していた。近藤ら甲陽鎮撫隊は甲府城代と事前に内通し、新政府側の進出前に甲府を確保して東山道・東海道を進む東征軍の後方を脅かすという戦略的企図をもって、三月一日に江戸を発った。しかし東山道軍の甲州支隊が、甲陽鎮撫隊に先行して甲府へ入城していたため、機先を制された近藤らはやむなく勝沼近郊の柏

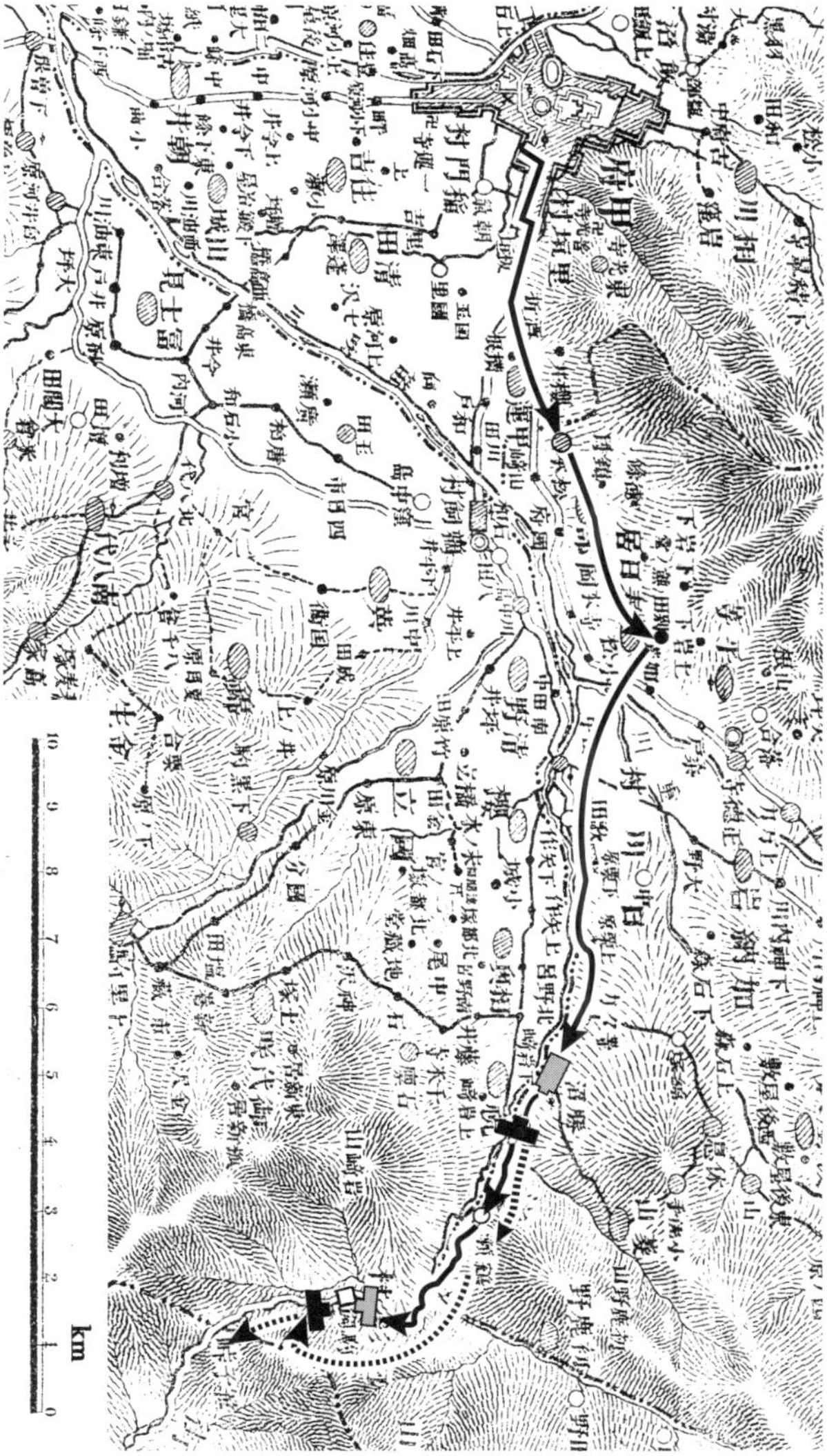

図8 勝沼の戦闘における山国隊の行動
山国隊： 旧幕府側：
「1／200000 甲府」（陸地測量部、1889年）より。

尾に滞陣し、土方歳三（内藤隼人と変名）を横浜方面に派遣して幕軍の援兵を待つこととなった。この間、甲陽鎮撫隊では兵員の脱走が相次ぎ、交戦時には兵力が百二十名程度に減少していたと言われる。

甲府に宿陣していた東征軍の甲州支隊は、甲陽鎮撫隊の進出という報を受けて、直ちにこれを迎撃することに決し、三月六日未明に因州・土州両藩兵二百名余を勝沼方面へ出動させた。甲陽鎮撫隊側は柏尾に布陣して防戦を試みたが失敗し、途中鶴瀬《つるぜ》の村落に火を放って追撃を阻止しつつ駒飼《こまかい》に退いて抵抗したが、最終的に敗退・逃走することとなった。山国隊ではこの日の昼頃、別田《べつでん》村で兵糧の用意をしている時に「笹子峠、因・土斥候を以て賊と攻戦、衆寡敵せず、速やかに進軍すべし」（『東征日誌』）との命を受け、隊士たちはおよそ三里の行程を「奔馳」しながら前線に向かった。途中上り坂が多かったため歩度の遅れる隊士もあり、健脚の隊士若干名が駒飼に到着して戦闘に加わった頃には、駒飼の大勢は既に決していた。この時の模様を隊士の一人横田太郎左衛門は、「山国隊半時ばかり後れたれば、戦争致さぬこと各々誠に残念の至りに候」（『丹波山国隊史』）と日誌に書き残している。この戦闘で因州・土州両藩兵は「首級三、大炮三門、ミ子ール銃二十挺」の戦利品を得て、勝沼に帰陣した。

翌七日、組頭の那波九郎左衛門と隊中取締の藤野斎は本営に参向し、昨日の前線到着遅延の弁明と携行火器交換の要求を、隊長の河田佐久馬に行った。この時、山国隊に支給されていた小銃は、球形の鉛弾を使用する前装滑腔式のゲベールで、これは「奔れば玉薬音を為して流出し、敵に向かいその要を為し難し」という問題を抱えた旧式銃だった。小銃の更新が行われたのは、甲府を発って吉野宿に入った三月九日のことであり、それまでのゲベールに代わって前装施条式のミニエー銃三十挺が山国隊に交付された。ミニエー銃とは、底部拡張式の尖頭鉛弾を使用する先込め式ライフルの総称で、弾丸の射程や命中精度といった性能が、ゲベールに比べて格段に高かった。ミニエー銃を受け取った山国隊では「一隊中の鋭気之により加倍」したとされ、隊士たちは戦兵としての意識を高めることとなった。次いで八王子に宿陣中の三月十一日には、河田隊長を囲んでの軍議が開かれ、次に示すような隊伍の改編と隊中規律書の作成が行われた（『東征日誌』）。

△第一番組長　辻肥後　伍長久保秀次郎　前田庄司　田中浅太良　伍尾水口源太郎
△第二番伍長　高室誠太郎　伍頭藤野寛次　橋爪治兵衛　高室重蔵　伍尾上野平左衛門
△三伍長　佐伯権之丞　伍頭北小路万之輔　北小路左藤次　田中久米治　伍尾高室治兵衛
△四伍長　辻繁太郎　伍頭草木栄太郎　渋谷利三郎　大隅政人　伍尾水口康太郎
△五伍長　横田太郎左衛門　伍頭田中伍右衛門　森脇市郎　辻定次郎　伍尾平井利三郎
△六伍長　北小路源三郎　伍頭藤野宇之佐　塔本清助　大前松之助　伍尾橋爪直三
組頭　那波九郎左衛門　司令官　原六郎・細見元太郎　隊中取締　藤野近江守
小荷駄方　頭橋爪千代蔵　新井兼吉　久保為吉　仲西市太郎

隊中規則書

一　大総督府幷御家より仰せ出され候御規律堅く相守るべき事

一　陣門出入り妄りに致すべからざる事　但、必用の義之有り、陣外に罷り出候節は其の組々伍長へ伍長より組頭、隊長へ届出るべき事
一　昼夜共順番者弐人宛斥候として、陣門守方致すべき事
一　得武具暫時も離すべからざる事
一　身支度の義は何時非常の事出来候えども、聊かも差支えこれ無き様益々心掛け罷り在るべき事
一　隊中、伍中、一和肝要の事
一　隊長、伍長へ対し候ては勿論、同列の者たりとも無礼これなきよう相慎むべき事
一　非常の節、隊長の号令を待たず妄りに動揺致すまじき事
一　妄発堅く禁止の事
一　陣処、或は行軍中、敵兵不意に襲来候節、総官隊長を目掛け狼狽なく懸命防戦致すべき事
右の条々堅く相守るべきもの也
慶応四辰年三月十一日　隊長

三月十三日に八王子を発った山国隊は、途中四日間にわたる内藤新宿での滞陣を経て、同月十九日に江戸へ到着し、市ヶ谷の尾州藩邸に入った。そして二十一日には同藩邸の前庭で、足羽篤之助《あしばあつのすけ》から初めてのフランス式教練を受けることとなった。因みに足羽篤之助は、仏式伝習のため幕府陸軍へ派遣されていた因州藩士で、王政復古後の政情変化により自藩に戻っていた。足羽が山国隊に教授した

のは、幕府陸軍の仏式伝習隊で実施されていたのと同じ、前装施条銃段階の歩兵教練だったと思われる。僅か一日の教練ではあったが、隊士たちの上達ぶりは目覚ましく、臨視に当たった諸士からも「頗る賞声これ有り」とされるほど好調で、翌二十二日には家老の和田壱岐から「酒二斗・干鯵七十枚」が贈られている（『東征日誌』）。

図９ 1862年版のフランス歩兵教練書
林正十郎訳『仏蘭西歩兵操練書』（松園塾、1866年）より。

さらに三月二十四日には、隊長河田佐久馬が山国隊の「調練熟達抜群なり」として、星に「魁」字の前立が付いた「黒毛陣笠」を隊士一同に配布した（『東征日誌』）。この時河田は、「此の字に恥ずる如き挙動なく宜しく衆軍に魁すべし」との訓示を行っており（板沢武雄・米林富男編『原六郎翁伝　上巻』。以下、『原六郎翁伝　上巻』）、以来「魁字の毛笠」は山国隊のトレードマークになった。江戸の尾州藩邸に宿陣する山国隊の日課は、昼間はフランス式の教練に励み、夜間は交代で邸内の巡邏に当たるというもので、四月に入ると実弾を使った射撃訓練なども交えて、前線への出動命令を待つ態勢となった。

(二)　野州への出陣

山国隊に、宇都宮方面で苦戦に陥った東征軍応援のための野州出陣が下令されたのは、慶応四(一八六八)年四月十七日のことである。野州に向かった山国隊の陣容は次の通りで、十八日明六ツ時(午前六時頃)、隊士たちは觴を嚙りながら鏡を抜いた酒樽の冷酒を杓呑みして出陣を祝し、市ヶ谷の尾州藩邸を後にした。発陣に臨んで、山国隊では一隊揃いの「黒毛陣笠」を隊士たちに着用させており、その新奇な姿をみた人々から「ガワタロウ(河太郎＝河童)隊」と綽名されることとなった。

戦士　二十八名　辻肥後外　　取締　一名　藤野近江守
組頭　一名　那波九郎左衛門　　司令坐　二名　原六郎・細木元太郎
鼓手　一名　浦鬼柳三郎
小荷駄方　一名　橋爪千代蔵
総計三十四名、外に雇名夫三名

隊中「鼓手　浦鬼柳三郎」とあるのは、指揮信号となる洋式軍太鼓の演奏を専門に担当するドラム・ボーイとして、三月二十三日に山国隊が雇い入れたものである。その出自は不明だが、おそらく

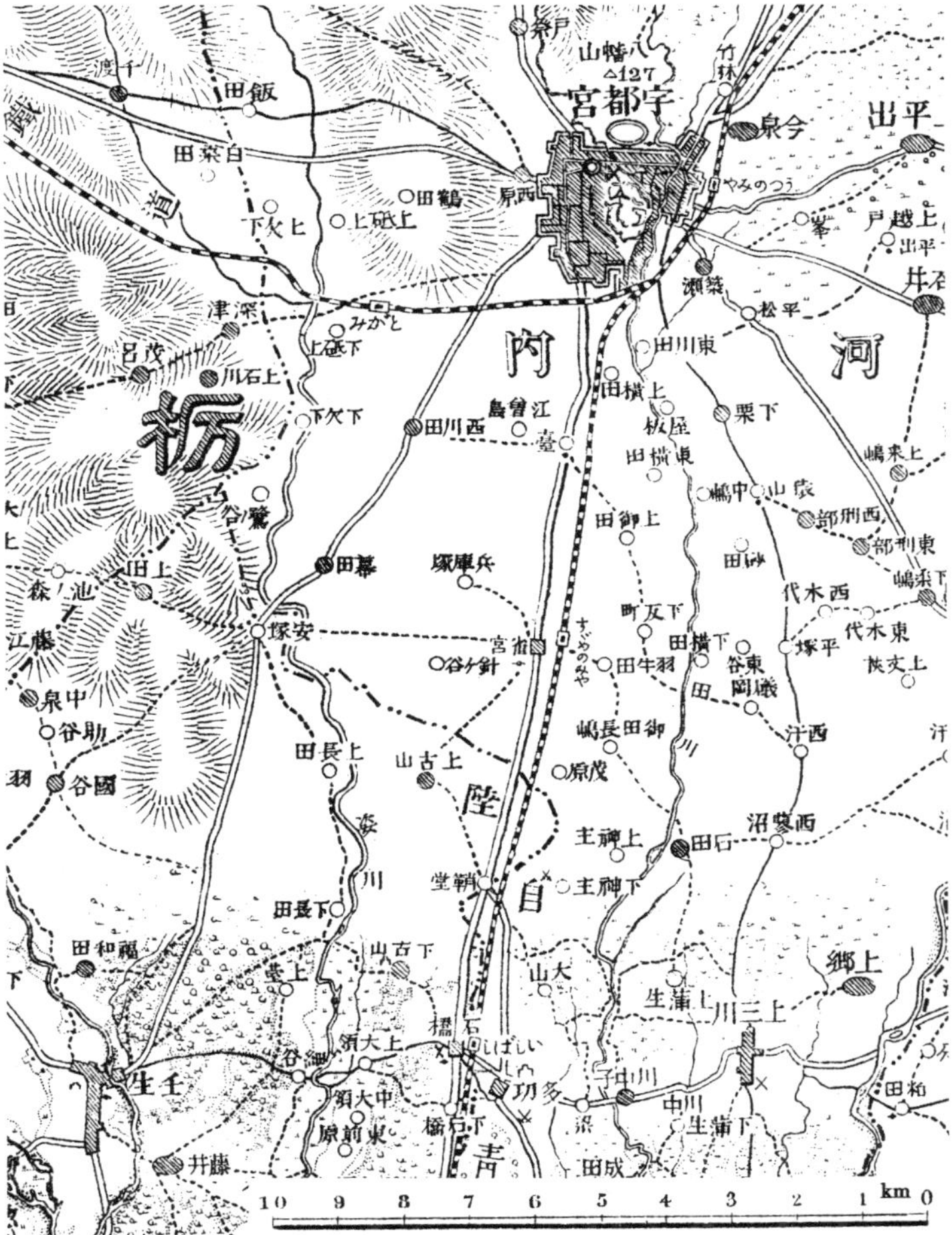

図 10　宇都宮〜壬生方面の地勢図
「1／200000　宇都宮」（陸地測量部、1889 年）より。

当時江戸に在って召し抱え先を探していた、元幕軍の鼓手あたりだろう。また、感冒の癒えない四名の隊士については、江戸の尾州藩邸に残していくこととなった。市ヶ谷を発った山国隊は、千住で小休止したのち日光道中に入り、草加・越谷を経て四月十八日には粕壁に到着した。粕壁では隊長の河田佐久馬を迎えて軍議が開かれ、司令の原六郎から「もはや戦地に臨めり、必ず一激戦これ有るべく、その期に及び拙なき挙動これ有るべからず。もし号令に背き脱奔等をなす者はこれを斬らん」との訓示があった。これに対して隊士たちは「この期に及び何ぞ恐れん、必ず以て国恩に報じ、魁の笠に慙るべからず」と応じ、隊長・司令から賞賛を受けた。

四月二十日、山国隊は宇都宮をめざして古河を発したが、その途上、既に宇都宮城は大鳥圭介の率いる旧幕軍の攻撃を受けて昨日落城したとの報に接した。さらに大鳥ら旧幕軍の南下攻勢が予想されるため、山国隊は宇都宮街道を北上して壬生城を確保すべく歩度を速めた。壬生城に到着した山国隊は、頻りに入城を請う壬生藩の対応を拒んで城の表門前に整列し、暮六ツ時（午後六時頃）に本隊が到着するのを待って入城した。これは譜代藩である壬生藩の去就が判然とせず、少数の兵力での入城は危険と判断したからであった。実際、東征軍の入城後も壬生藩士の間には「去就狐疑の挙動」があり、因州藩の軍監堀元九郎・足立勘四郎の両名が「もし疑義の夢なお覚めずんば、この大砲一発を献ぜんのみ」と迫ったことにより、ようやく家中の恭順姿勢が固まるという状況だった。

この日、旧幕軍側では宇都宮城に幹部を集めて軍議を開き、壬生城まで進攻して来た東征軍にどう対応するかを協議した。軍議の結果、大鳥圭介の主張する積極攻勢案が採用され、四月二十二日払暁を期して、壬生方面に攻撃を仕掛けることが決定された。かくて四月二十一日、伝習第一大隊（二小隊）・第七連隊・砲兵隊・築造兵・御料兵等から成る旧幕軍は宇都宮街道を南下し、幕田《まくた》に進出して陣を構えた。一方、東征軍側でも「安塚《やすづか》より幕田と申す村まで凡そ半里ばかりの間に賊兵千人ばかり出張致し候」（『原六郎翁伝　上巻』）との情報を得て、壬生藩兵五名を先道役に山国隊（一小隊）を斥候とし、因州藩の大久保隊（一小隊）に、砲三門を有する吹上藩の有馬隊と松本藩の戸田隊（合わせて一小隊）を加えた約百五十名の兵力を、二十一日未刻（午後二時頃）に進発させた。黄昏時に安塚に到着した山国隊は、村はずれに乗馬の士数名が往来するのを発見して発砲、これを駆逐した。さらに山国隊は安塚の北方へ進んで左右二隊に分かれ、左半隊が街道西側の小丘陵（亀塚古墳）付近に布陣、右半隊が街道上に据えた有馬隊の大砲の両側に散開する形で警戒に当たった。川向うに主力を置く旧幕軍側は、あたりが暗くなると篝火をあちこちに上げ、兵力を誇示するための奇策を弄した。さらに夜に入ると天候が崩れ、両軍士卒は雨の降りしきる中、姿川をはさんで対峙することとなった。

四月二十二日丑刻（午前二時頃）、旧幕軍諸隊は攻撃を開始し、姿川を渡河して安塚北方に布陣する山国隊と衝突した。山国隊士たちは暗闇の中、小銃を取って応戦し、両軍の間では数時間にわたる銃撃戦が展開された。しかし黎明に及んで空が白み始めると、旧幕軍は山国隊の兵力が寡少であることを察知し、積極攻勢に転ずる気配をみせた。手持ちの弾薬が乏しくなった山国隊は、土州藩に弾薬の補給と援兵を要請したが「明暁迄は貴藩の斥候」と断られ、やむなく抜刀して敵を防ぐという状況になった。この間山国隊では、戦死傷者七名と行方不明者一名を出し、藤野斎以下八名が負傷者を後方

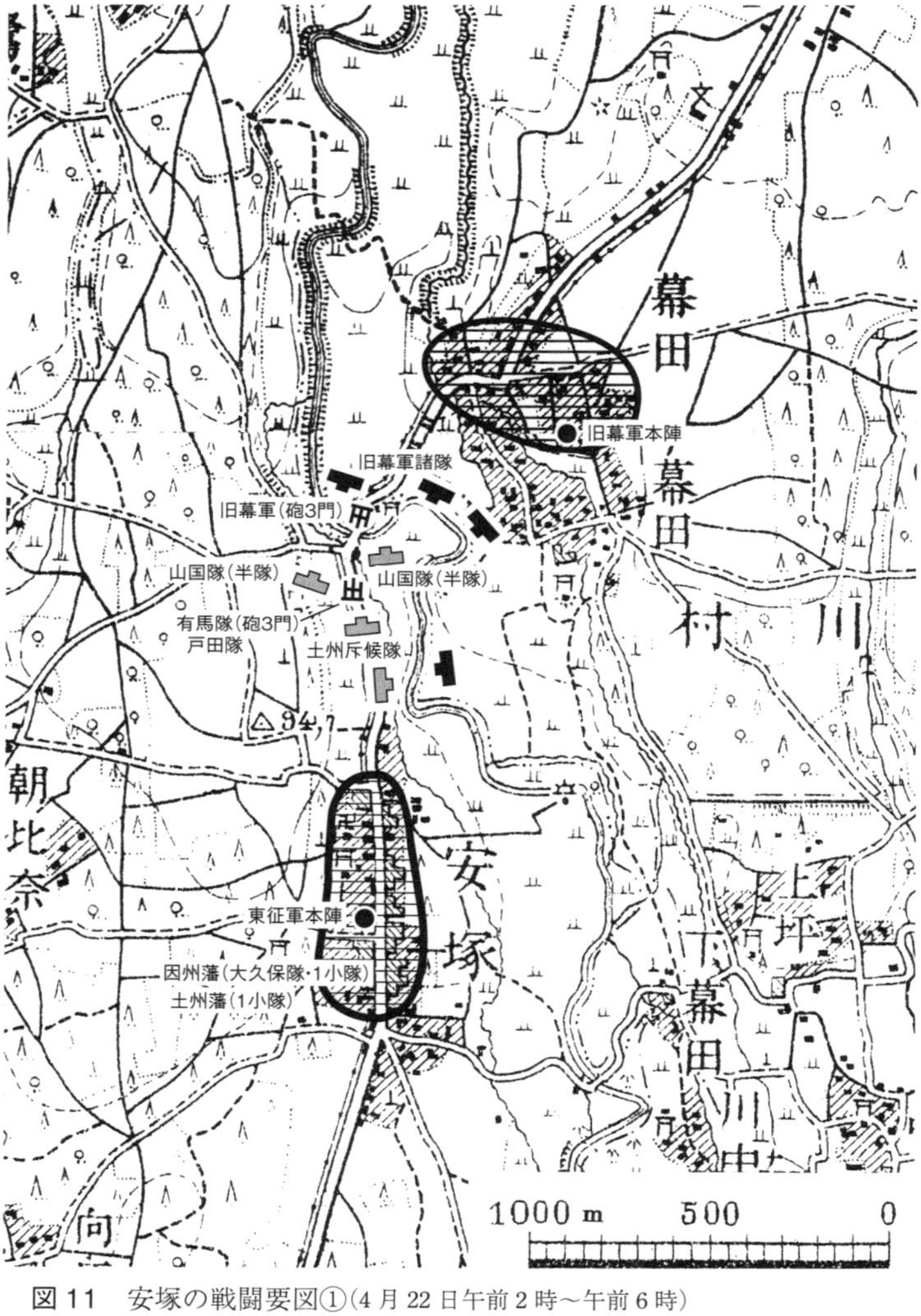

図 11　安塚の戦闘要図①(4 月 22 日午前 2 時〜午前 6 時)
「1／50000　宇都宮・壬生」(陸地測量部、1919 年)より。

図 12　安塚の戦闘①
板沢武雄・米林富男編『原六郎翁伝　上巻』(自家版、1937 年)より。

へ護送するため戦線を離脱した。戦死した隊士二名についてみると、田中浅太郎は前額から後額に抜ける頭部貫通銃創を受けて即死、高室治兵衛は臍下から腰へ抜ける腹部貫通銃創を受け、壬生城に後送されたのち手当の甲斐無く死亡した。五名の負傷者についてみると、高室誠太郎は最前線となった姿川での白兵戦に際し、味方の誤射により胃部から背に抜ける貫通銃創を受けて重傷を負い、また辻啓太郎が右腕に貫通銃創、水口幸太郎が左腕付根に砲弾破片擦過傷、草木栄次郎が右手拇指に擦過傷をそれぞれ受けたほか、鼓手の浦鬼柳三郎も軽傷を負った。一方、交戦中に行方不明となった新井兼吉は、戦闘終了後も遺体を発見出来ぬまま、閏四月六日に戦死と報告された。

旧幕軍の攻勢が強まる中、司令士の原六郎・細木元太郎と組頭の那波九郎左衛門以下、十五名の山国隊士は安塚北方に踏みとどまって防戦に努めた。この時、因州藩の大久保隊は独断で退却、土州藩の斥候隊も持場交代の刻限でないことを理由に援兵を出さなかったため、山国隊は有馬・戸田両隊を含めた総勢百名ほどの小兵力で、旧幕兵七百名余の攻勢に立ち向かう結果となった。そのため旧幕軍側の兵力に圧迫される形で、山国隊は次第に安塚村まで後退を強いられることとなり、苦戦に陥った。明六ツ時（午前六時頃）を過ぎてようやく土州藩兵が最前線に進出して来たが、幕兵の攻撃の前に死傷者が続出し、頽勢を挽回するには至らなかった。山国隊の隊長でもある河田佐久馬が、因州藩の天野隊・佐分利隊（砲兵分隊）と支藩の一小隊を率いて安塚に到着したのは、その一時間ほどあとのことであった。河田は東征軍の士卒が劣勢の中で浮足立つ様子をみると、抜刀して「この敵何程のことかあらん、進み討て……退くものは他藩の者とても許さず」と大声で叱咤激励した。東征軍側はこれをきっかけに反撃に転じ、攻守ところを変えて戦局が一変する。勢いを得た東征軍は旧幕軍を安塚から退け、さらに姿川を渡って幕田までこれを追撃した。この安塚の戦いを通じて、旧幕軍は多大の死傷者（一説には戦死者四十五〜四十六名・負傷者七十八名とも言われる）を出し、戦死者の遺体を遺棄して宇都宮へ敗走した。

幕田まで進撃した東征軍は、ここで一旦兵を休めると共に軍議を開いた。軍議の席上、旧幕軍の一部（兵力約百名）が隙を衝いて壬生城へ来襲したとの情報に対し、直ちに宇都宮城に進撃してこれを陥れるべきとする河田佐久馬と、疲労した兵を率いて宇都宮城を攻撃することの困難さから壬生城回復を優先すべきとする土州藩士乾退助（のちの板垣退助）との間で論議が交わされ、結果的に後者の意見が採用された。かくて安塚の戦いに参加した全部隊は、幕田で兵粮を摂ったのち壬生城へ戻ることと

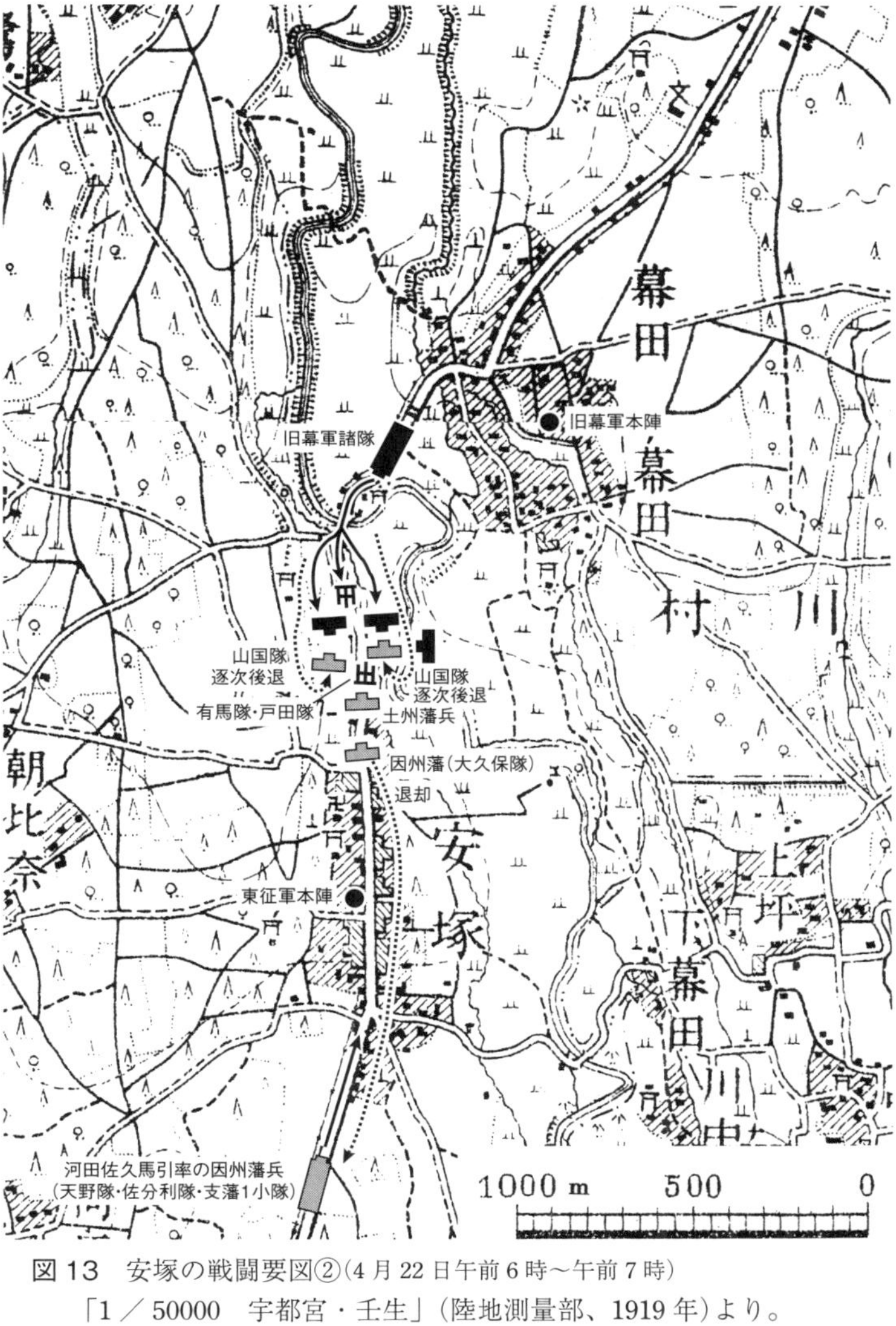

図 13　安塚の戦闘要図②(4 月 22 日午前 6 時〜午前 7 時)
「1 ／ 50000　宇都宮・壬生」(陸地測量部、1919 年)より。

図 14　安塚の戦闘②
板沢・米林編『原六郎翁伝　上巻』より。

なった。山国隊が壬生城に帰着したのは同日昼過ぎだったが、既に因州藩の兵粮方や裏判所を始め医師までもが負傷者を置き去りに撤収しており、城中はほぼ無人境と化していた。壬生城に入った山国隊は、重傷のため城中に取り残されていた二名の隊士高室治兵衛・高室誠太郎を発見・収容する一方で、壬生城から離脱して行方不明となった負傷者と付添人を捜索すべく、数名の隊士を各方面に派遣した。藤野斎以下の隊士が帰城したのは四月二十三日昼頃で、司令士の原六郎と細木元太郎・組頭の那波九郎左衛門らは、手を取って彼らを迎え入れたという。この日の夜、山国隊は勝利の祝宴を開き、田中浅太郎の首級《しるし》を床の間に祀って酒杯を傾けた。席上「威風凜々山国隊ノ軍ノ仕様ヲ知ナヒ乎」の数声が挙がり、隊中でこれを歌った。

翌二十四日、戦死した田中・高室両人の埋葬が壬生城下の興光寺《こうこうじ》において、神式で執り行われた。次いで二十五日には、原・細木両司令士に率いられた藤野斎ほか十八名の山国隊士が、宇都宮に向けて進発した。途中激戦のあった安塚にさし掛かると、熊毛陣笠を見て一行を山国隊と認めた沿道の人々が、隊士たちに敬礼した。さらに幕田へ進むと、旧幕兵の屍を積み上げた塚が四、五ヶ所あり、多数の死体が異臭を放つ惨状を呈していた。隊士たちが宇都宮に到着したのは昼過ぎだったが、広大な城下は旧幕兵の放火により焼け野原となっていた。この日隊士たちは、江戸尾州藩邸で山国隊のフランス式調練を指導した因州藩士足羽篤之助が、今回の宇都宮城攻防戦において戦死したことを知った。さらに二十六日には雨の中、隊伍を組んで宇都宮市街を巡邏すると共に城内を見物、併せて光琳寺にある足羽の墓を参詣した。

四月二十九日、山国隊に日光への進発が下令され、大沢を経て五月五日に東照宮の巡邏を行ったのち、六日に宇都宮へ帰陣した。次いで七日には、雀宮《すずめのみや》への転陣が命ぜられ、同宿に二十日まで滞在することとなった。江戸本営への帰陣が通達されたのは十九日で、同夜陣払いの祝宴が催された。二十日に雀宮を発った山国隊は、二十四日に板橋へ到着し、翌二十五日には野州平定のために出陣した各隊士卒と共に江戸凱旋を果たすこととなった。この時「錦旗御警衛」を命ぜられた山国隊は、浦鬼柳三郎（隊付鼓手）と幾田啓太郎（有馬隊からの雇い入れ）という二名の鼓手を立てて行列に加わった。錦旗警護の任務は各隊から羨望のまなざしでみられたが、これは安塚の戦いでの山国隊の戦功に報いる、因州藩の配慮であったと思われる。江戸に到着した山国隊は、まず帰陣挨拶のため大総督府本営に参上し、続いて大名小路の因州藩中屋敷に入った。ここに一ヶ月余にわたる山国隊の野州出陣は終了した。

(三) 彰義隊討伐

江戸に戻った山国隊は、隊長河田佐久馬の指示により、閏四月二十九日に隊伍を次のように組み替えた。これは、野州の戦いで予想外に多数の隊士が死傷したことによるもので、傷病者三名と看護員四名を戦列から外す一方、長州藩の大隅政人を客士として入局させ、欠員を補うこととなった(『丹波山国隊史』)。

第一組　伍長水口源太郎　前田庄次　田中久馬次　久保秀次郎
第二組　伍長北小路源三郎　藤野宇之佐　大前松之助　橋爪直三
第三組　伍長水口幸太郎　北小路万之助　辻定次郎　藤野寛次
第四組　伍長辻繁次郎　草木栄次郎　渋谷利三郎　大隅政人
第五組　伍長横田太郎左衛門　北小路左藤次　平井利三郎　田中伍右衛門
第六組　伍長上野平左衛門　橋爪治兵衛　仲西市太郎　森脇市郎
　取締　藤野斎
以上　隊列員二十五名
手負並病者　三名(辻肥後、高室誠太郎、佐伯権之丞)

看護員四名（久保為次郎、高室重蔵、塔本清助、橋爪千代蔵）

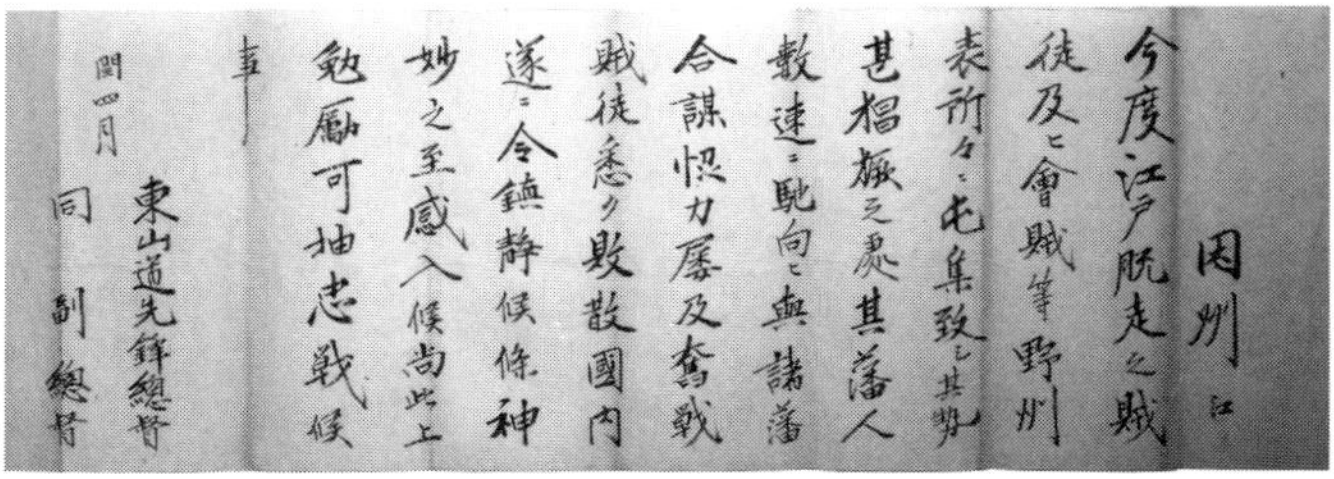
因州江
今度江戸脱走之賊
徒及ヒ會賊等野州
表所々ニ屯集致シ其勢
甚猖獗之処其藩人
数速ニ馳向ヒ與諸藩
合謀悉力屡及奮戦
賊徒悉ク敗散國内
遂ニ令鎮静候條神
妙之至感入候尚此上
勉励可抽忠戦候
事
閏四月
東山道先鋒総督
同 副総督

図 15 東山道先鋒総督の感状

また同日、野州出陣における戦功への感状と慰労の酒肴が、東山道先鋒総督から因州藩に授与された。この朗報は野州の戦いで奮戦した山国隊にも伝えられ、取締の藤野斎が参謀局と旗頭和田壱岐の許を訪れて御礼言上を行った。

五月に入ると、山国隊は江戸城周辺の警備を大総督府から命ぜられ、因州藩中屋敷を拠点としながら見付や郭の内外巡邏に携わるようになった。この頃江戸では、新政府に反発する旧幕臣らが彰義隊を組織して上野寛永寺に屯集し、市中の治安を撹乱していた。彰義隊は、旧旗本を中心とした本隊（一番～十八番隊までの十八小隊）と、旧幕兵や諸藩有志から成る附属隊（第八聯隊・旭隊・万字隊・純忠隊・臥竜隊など十三隊）を総称したもので、その数はおよそ三千名とも言われる。彰義隊は本部を寒松院《かんしょういん》に置き、各隊を三十六坊と称される山内の分院に宿営させて、新政府と武力で拮抗する構えをみせた。こうした彰義隊の動きに対して、大総督府が武力討伐の指令を発したのは、五月十四日のことである。山国隊が出陣命令を受けたのは十四日夜四ツ時（午後十時頃）のことで、隊長の河田佐久馬から「明日十五日午前四時、本丸大下馬に官軍諸藩共に整列し、東叡山賊巣へ進撃致すべきにつき準備すべし」（『丹波山国隊史』）との指示が伝えられた。この時、取締の藤野斎が帰京中で不在だったため、山国隊では各組の伍長が打ち合わせを行うと共に、原・細木両司令の指導を受けて翌日の戦闘に備えた。

五月十五日早朝、上野の彰義隊討伐に参加する諸藩兵が江戸城西丸下の大下馬前に整列、正親町公《おうぎまちきん》董《ただ》の訓示を受けたのち、それぞれの部署に向かって出発した。湯島～黒門口方面の攻撃を担当する因州藩では、佐分利鉄太郎隊・山国隊のほか支藩兵二小隊を出陣させ、河田佐久馬がそれらの指揮を執ることとなった。出発に当たって河田は、「今回は諸藩の兵と共に其強弱を試めす競争戦闘である。一同奮激邁進して、他藩の兵に一驚を喫せしめよ」（『原六郎翁伝　上巻』）と、山国隊士たちを激励した。

山国隊は、まず湯島天神をめざしたが境内に敵影は無く、さらに池之端仲町まで進むと、上野山王台の敵めがけて小銃射撃を開始した。しかし不忍池越しの遠距離射撃だったため十分な効果が得らず、広小路の戦闘線を駆け足で横切り御徒町方面に進出。ここで日章旗を掲げた七十～八十名の敵と遭遇することとなった。河田隊長はすかさず「賊だッ、撃てッ」と下知し、近距離で双方が小銃を撃ち合う市街戦が始まった。人家や辻を挟んでの一進一退が暫く続いたが、山国隊側は家屋に火を放って敵の囲みを解き、辛くも危機を脱した。この戦闘で山国隊は敵の臼砲一門を鹵獲《ろかく》したが、組頭の那波九郎左衛門ほか前田庄次・森脇市郎ら二名の隊士が負傷した。続いて「賊の一隊が湯島天神を占拠した様だから、之を攻撃占拠せよ」との下命があり、再び湯島天神に向かった。しかしここにも敵の姿は

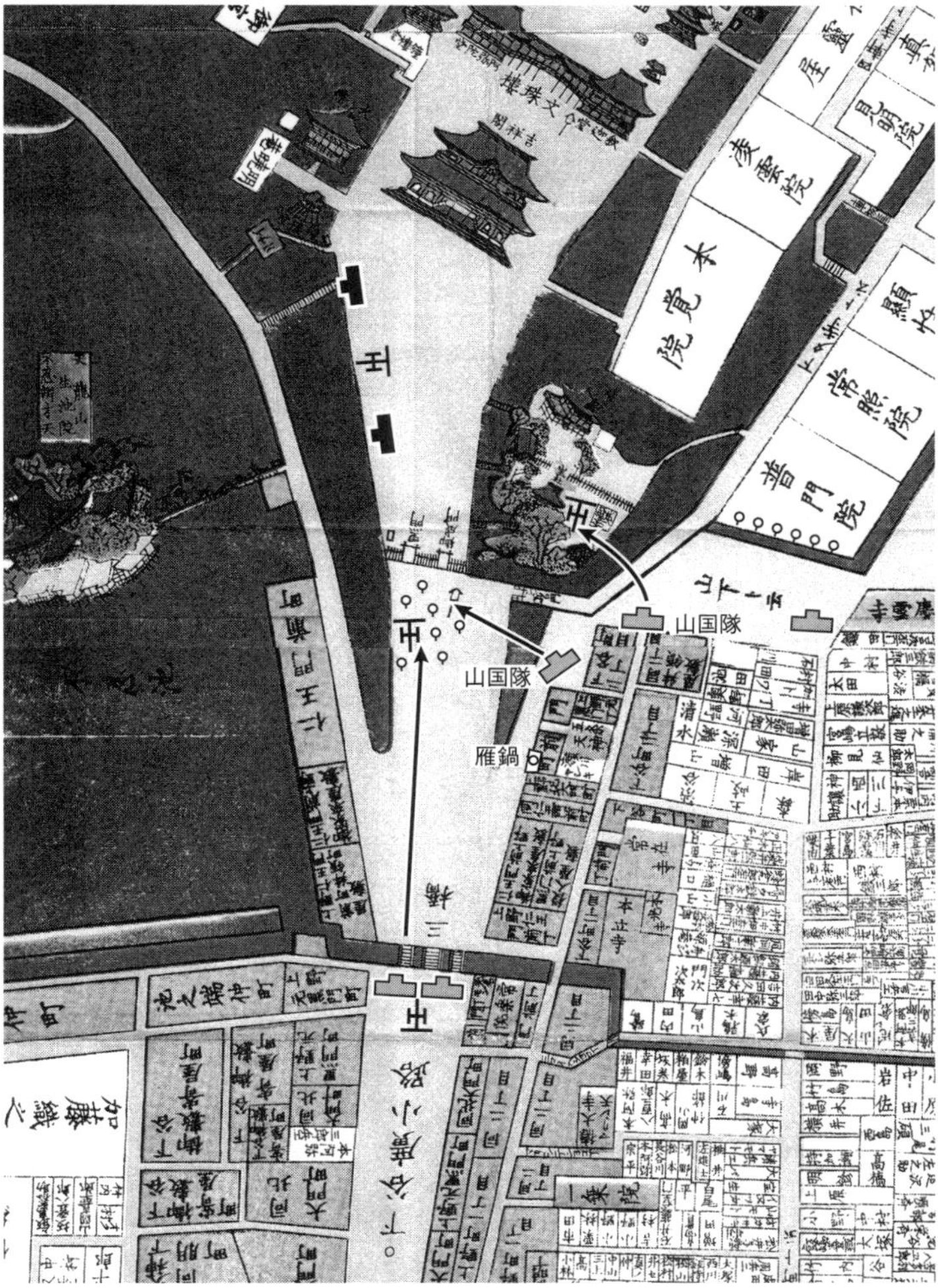

図 16　上野の戦闘における山国隊の行動
「下谷絵図」(尾張屋清七、1861 年)より。

みあたらず、宮寺喜見院を焼いて引き揚げた。

続いて山国隊は上野広小路をめざして進み、薩州藩兵と彰義隊が朝から激戦を繰り広げていた、黒門口の戦いに加わることとなった。隊士たちは広小路に到着すると、黒門口に面して建つ料亭「雁鍋」の二階へ上がって畳を楯に取り、黒門と山王を結ぶ防禦線で抵抗する彰義隊士を射撃した。この銃撃戦で、頭部に貫通銃創を受けた隊士の田中伍右衛門が戦死した。時刻は昼を回り、隊士たちは戦闘の傍ら交代で昼食を摂った。続いて山国隊は、佐分利隊と共に山王台をめざすグループと、薩州藩兵と共に黒門をめざすグループに隊を二分し、突入の機会を窺った。午後になって彰義隊の抵抗に若干衰えがみえ始めると、河田隊長は山王台への突入を指示し、前者のグループに属する山国隊士たちは佐分利隊と共に山王台南側の崖に取り付いた。ここには登攀のための小径もなく、隊士たちは灌木を薙倒しながら崖をよじ登った。台上には進入を阻む木柵が設置されていたが、隊士たちはこれを打ち壊すと一挙に敵陣に突入し、「山国隊先登第一」との喚声を挙げた。急襲を受けた彰義隊士たちは狼狽して山内に後退したため、山国隊は大きな抵抗を受けること無く台上を制圧、そこに遺棄された火器を「分捕り（山国隊の捕分は大砲三門・臼砲二門・弾薬三千発）」した。時を同じくして、薩州藩兵を中心とする黒門口の正面攻撃も勢いを増し、午後二時頃には彰義隊が頑強に守備していた黒門を陥落させた。

上野における彰義隊との戦いは「午前八時に始まり、午後三時に終つた」とされるが、敗残兵となって市中に逃れた彰義隊士への追討は、夜を徹して行われた。大総督府の命令により、第一線で戦った山国隊は夕刻までに因州藩中屋敷に引き上げることとなった。この日の戦いで死傷した山国隊

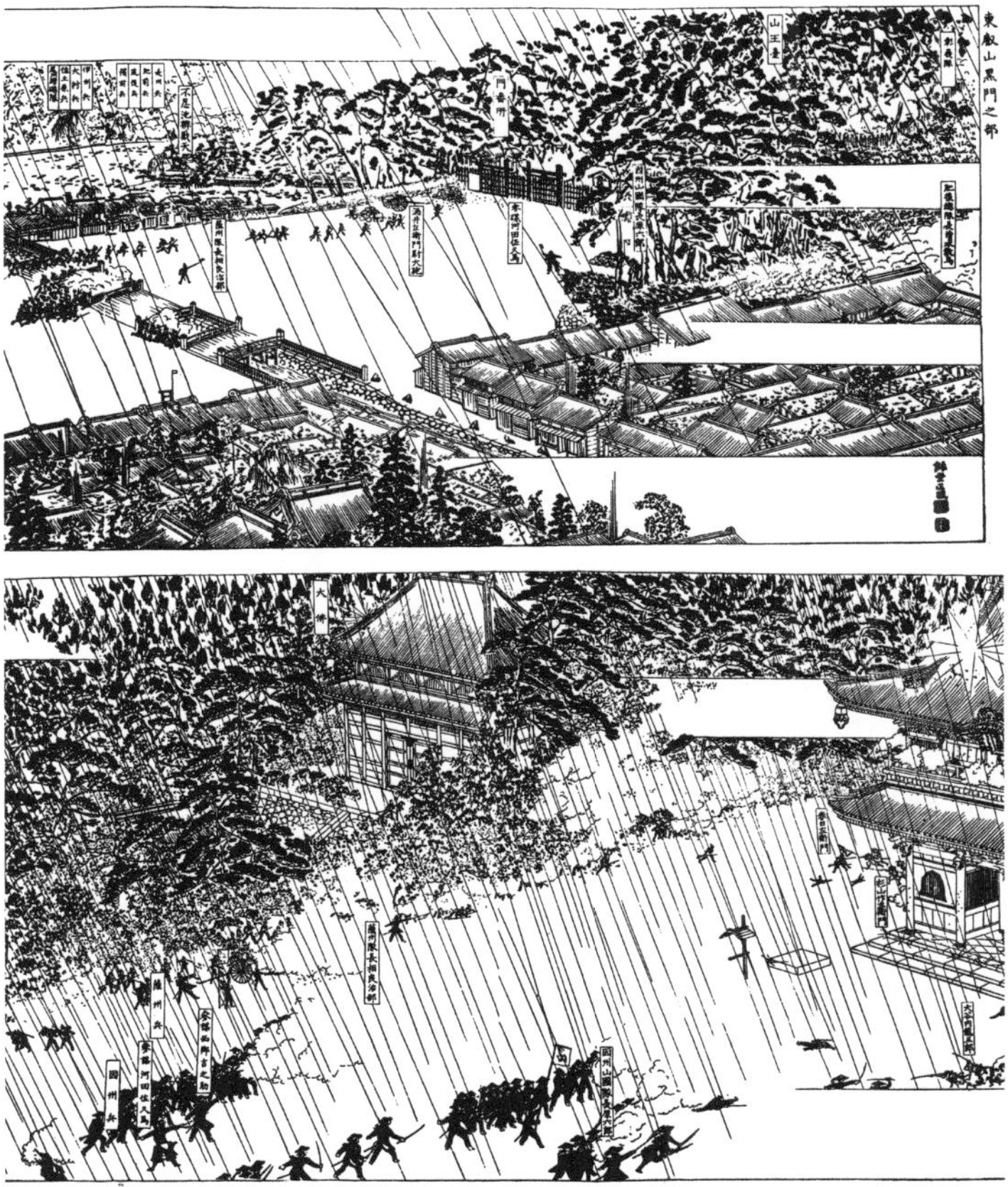

図 17　上野黒門口・山王台での戦闘
　板沢・米林編『原六郎翁伝　上巻』より。

士は、次の通りである。

隊士　田中伍右衛門　　頭部貫通銃創により戦死
隊士　前田庄次　　軽傷
隊士　森脇市郎　　軽傷
組頭　那波九郎左衛門　左膝貫通銃創
司令　細木元太郎　　左掌貫通銃創

五月十六日、慰労のための一日休兵が山国隊に許された。しかし翌十七日には改めて上野山内の警備を命ぜられ、略奪の取締りや戦死者の遺体埋葬といった任務を担当することとなった。戦闘直後の上野山内には、戦死した彰義隊士の遺体が放置されたままになっており、「三枚橋内に入ると、たたき裏金《うらきん》に葵の紋のついた陣笠をかぶった武士がごろごろたおれている。首がなくて、その斬り口へ陣笠だけのせてあったりする。……真裸になって死んでいるものもあれば、お経などを持って木へよりかかって死んでいるものもある」（東京日日新聞社会部編『戊辰物語』）という状況だった。山国隊は近在の町人を雇い、山王台に深さ四尺ほどの大穴を掘って七十体余の遺体を埋葬した。また千住小塚原円通寺の僧侶にも戦死者の埋葬を許可し、十七日中にこの任務を終えた。隊士たちは十八日から山内に宿営し、小田原への出陣命令を受ける二十二日まで警備を続けた。

(四)　小田原への出陣

山国隊に新たな出陣命令が下されたのは、五月二十二日のことである。この日、河田隊長から「明朝相州小田原へ出陣につき、今日限りにて上野を引払い帰営すべし」との指令を受けた山国隊は、因州藩中屋敷に戻って出陣の準備を行った。翌二十三日早朝、山国隊は西丸大下馬に整列、河田隊長より「今回小田原藩叛情あり、依て問罪使を河田に仰付けられたから山国隊一手のみで進隊する。一同河田と共に決死の覚悟を以て進むべし」との訓示を受け進発した。この出兵は、問罪使穂波経度《ほなみつねのり》・参謀河田佐久馬・軍監三雲一郎らが因州・長州・備前・伊勢籐堂の諸藩兵約千名から成る新政府軍を率いて、朝廷側に叛旗を翻した小田原藩の罪を問うというものであった。小田原藩はもともと、幕府から箱根の関所警備を委ねられていた譜代大名だが、東征軍の箱根通過に際しては朝廷への恭順姿勢を示し、大勢に順応する形で自藩の保全を図っていた。しかし慶応四(一八六八)年閏四月、旧幕臣の遊撃隊とそれに与した請西《じょうざい》藩兵(藩主林昌之助忠崇が指揮)が来攻すると、小田原藩は消極的ながらもこれを支持する姿勢をみせた。次いで同年五月十九日、これら佐幕勢力は小田原藩の管下にある箱根の関所を襲撃し、新政府軍の兵士十一名と豆相軍監中井範五郎を殺害した。この報が江戸の大総督府に達したことにより、小田原への問罪使派遣が決定されたのである。

問罪使一行が小田原に到着したのは五月二十六日で、麻裃・無刀で多数の藩士を従えた使者がこれを出迎えた。問罪使は、菩提寺で謹慎する藩主大久保忠礼から降伏謝罪の申し出を受けたのち、重臣らを糾問して小田原城と藩保有兵器の没収を行った。さらに藩主からの「立功自贖」の請願を容れ、その罪を許した。城下に入った山国隊は、同藩家老杉浦平太夫の邸に宿営し、来たるべき戦いに備えた。翌二十七日、小田原藩は箱根方面の佐幕勢力を追討するために藩兵を出動させた。また問罪使に随行する四藩兵も「実効見届」のため出兵し、小田原藩兵を督励して箱根関所の奪還をめざした。この日山国隊も追討に加わることを希望したが、因州藩士筑波小次郎から「貴隊は河田参謀の側近として、城内警衛の御任務がある」として固辞された。このため小田原出陣において、山国隊は結果的に不戦のまま凱旋することとなった。

箱根の戦いは、新政府軍の攻勢により程なく帰趨が定まり、二十八日には佐幕勢力が敗走して関所回復の目的は達せられた。山国隊は宿営地を城内に移し、六月五日まで警衛の任務に携わった。この間「大久保藩の待遇良好にて意外に快適」な滞陣だったとされ、隊士たちは取締である藤野斎の不在を惜しんだという。翌六日、小田原藩叛抗の首謀者として引き渡された四名の囚人を網乗物で護送する任務を託された山国隊は、江戸に向かって出発した。そして六月八日、「行軍中始めてトコトンヤレ節の軍歌を合唱」しながら江戸への凱旋を果たした。

(五) 奥羽への出兵

隊士たちが小田原から江戸へ戻ったばかりの六月十八日、今度は奥羽への出兵という新たな内命が大総督府から山国隊に下された。隊内では藤野斎の不在を理由に、出兵の是非をめぐって議論が交わされ、水口幸太郎・辻繁次郎・横田太郎左衛門・水口源治・藤野寛次・草木栄太郎・前田庄司・北小路万之助・久保為次郎ら名主格の有志九名が、これに応ずることとなった。一行は六月二十八日に江戸を出発、翌二十九日品川でイギリス汽船に乗り出帆、七月三日に平潟《ひらかた》へ上陸した。今回の奥羽出兵に当たって、河田佐久馬は「仙台追征討軍参謀」という立場にあり、九名の山国隊士たちはその側近として従軍する形となった。彼らは河田参謀と共に「平潟口官軍」の一員として、平城《たいら》への総攻撃（七月十三〜十四日）、相馬藩の降伏（八月七日）、駒ヶ峰の戦い（八月二十〜二十七日）などに臨んだが、前線で戦兵として活躍する機会はほとんど無かった。続く九月三日には、江戸から冬衣を持参した北小路源三郎と橋爪直三が、出征隊士たちの滞陣する相馬中村城を訪れて合流した。北小路・橋爪両隊士は、東京に残る山国隊士全員の奥羽出兵を希望する旨、藤野からの伝言を河田参謀に上申したが容れられなかった。

九月十二日になると河田参謀は山国隊士たちを集め、「当方面の軍事も大体片付いたから、東京へ帰営したいものは、帰って宜し」い旨の伝達を行った。これにより水口源次・前田庄司・藤野寛次・北小路万之助・久保為次郎・橋爪直三の六名が東京へ戻ることとなった。それから数日経った九月十五日、仙台藩が四条隆謌《しじょうたかうた》平潟口総督宛に「謝罪嘆願書」を呈し、降伏を申し入れて来た。河田参謀は、側近としてとどまった横田太郎左衛門・草木栄次郎・北小路源三郎の三名の山国隊士を伴い、千三百名余を率いて十月一日に仙台に入った。新政府側は仙台藩の動向に注意しながら、慎重に仙台へ向かう姿勢を取り、四条総督が青葉城への入城を果たしたのは十月六日のことであった。

青葉城の開城後、十月七日から十日にかけて城中で軍議が開かれ、仙台藩の処分について議論が交わされた。この席上、寛典を主張する河田・寺島秀之助（長州藩）両参謀と、強硬論を唱える長州藩の高橋熊太郎参謀が対立し、意見の通らないことに憤慨した河田・寺島の二名は、総督府を離れて急遽東京へ戻ることとなった。河田は三名の山国隊士と共に、翌十一日仙台を発ち、二十一日に東京へ帰着した。ここにおいて山国隊は、東征における戦闘任務を完了し、帰郷の日を待つばかりとなった。

(六)　京都への凱旋

十月二十六日、取締の藤野は河田隊長に「格別の御用も無く隊士たちを東京に留まらせておくことは、資金面で苦しいので、近々予定されている総督宮の京都凱旋に当たり、山国隊を道中警衛列に加えてほしい」旨を願い出た。そして二十九日には、参謀局から十一月五日の発陣に加わるよう通達が下された。十一月五日午八ツ刻（午後二時頃）、東征大総督宮は約二千名の士卒を従え、京都に向けて出発した。山国隊では東京滞陣中に二名の隊士が戦傷死し、また傷病者六名を養生のため先に京都へ帰していたこともあり、新規加入の樋爪弥五郎と鼓士丹羽春三郎を加えた二十二名の隊士たちがこの行列に加わった。藤野斎は金策のため五日遅れで東京を発ち、十日夜に三島宿で合流した。

総督宮の行列と共に山国隊が京都へ到着したのは、十一月二十五日のことである。この日明六ツ刻(午前六時頃)に大津を発った一行は、蹴上《けあげ》を経て三条通から東川端通を抜け、御幸橋(荒神橋)を渡って御所に向かった。行列が橋を渡る際、「螺貝三声これに続く。三軍鯨波の声、栄ー・栄ー・栄ーの三声を発」して勝鬨を上げた。凱旋行列の中で山国隊の存在は衆目を集め、藤野自身その様子を「一列一様魁字の毛笠特に目立し也」と書き留めている。公家門(宜秋門《ぎしゅうもん》)から御所内に入った従軍士卒は、紫宸殿前の南庭で戦闘参加者と不参加者に分かれて整列、道中警護の慰労を謝する勅書朗読を拝聴した。この時も山国隊士たちは「我は戦列の面目を得たりき」として、誇らしげである。続いて大総督宮から酒肴が下賜され、司令以上は七ツ刻(午後四時頃)から宮様への拝顔と酒飯の給仕を賜ったのち御所をあとにした。続いて山国隊は、穂波経度に挨拶をしたのち、因州藩上屋敷を訪れて藩主池田慶徳にお目見えした。隊士たちは夜半まで凱旋の祝杯に酔いしれ、帰京の喜びを分かち合った。

東征に参加した山国隊は僅か一小隊の寡勢で、従軍に当たって必ずしも十分な軍事訓練を受けたわけではなかったが、各地の戦場で勇戦し「戦功数回なる、兼て藩兵の愁とする処」と評される存在になった。また、隊長の河田佐久馬から支給された「魁字の毛笠」は、「衆軍に魁(先駆け)せよ」との激励と併せて隊士たちの士気を高め、「河太郎隊」の異名で呼ばれた山国隊のトレードマークともなった。しかし戊辰戦争において山国隊の払った犠牲は大きく、征途に就いた隊士三十五名のうち、戦死四名・戦傷死二名・病死一名の計七名を、従軍していた九ヶ月余の間に失っている。凱旋を果たした隊士たちが、故郷の山国に向けて京都を発ったのは、明治二(一八六九)年二月十八日のことであった。

三　京都時代祭と山国隊

（一）時代祭とは

京都の三大祭と言えば、祇園祭、葵祭、そして時代祭である。祇園祭を想起させる音色が「コンチキチ」なら、時代祭は「ピーヒャーラヒィ」であることは誰も否定しないだろう。それは時代行列の先頭を行く「維新勤王隊」が奏でる和洋折衷のマーチである。篠笛に大小ドラムを打ち鳴らして行軍する彼らのルーツこそ、戊辰戦争で雨と降り来る矢玉の中を先駆けした山国隊が、錦旗を擁して京都へ凱旋した時の姿なのである。

時代行列は、明治維新期から時代を遡り、最後には平安京創建の延暦期までの風俗を再現したもので、御所を出発し、終点の平安神宮まで京都市内を練り歩く、時代祭のハイライトである。平安神宮の主祭神は平安京に遷都した桓武天皇と、最後に京都御所で朝務を執った孝明天皇である。行列を従えた二柱の御霊が御所を出て、京洛をめぐり平安神宮へ帰って行くという筋立てとなっている。山国

図 18　時代祭参加の山国隊(平安神宮所蔵)

隊は桓武天皇との由緒から藤野斎が主唱し、第一回から勤王奉公として参加した。行列には戊辰戦争の生き残りと、その子孫が加わり大評判を取った。御霊を奉じて進む千年の歴史絵巻、その先駆け役に、山国隊以上に相応しい存在があるだろうか。

本項では山国隊の帰郷から時代祭参加への経緯や、山国隊が創始した祭祀様式がいかにして各地へ伝播したかを紹介したい。

(二)　維新後の山国隊

山国隊は明治二(一八六九)年二月十八日に郷里山国へ帰還してからも、課題が山積しており、解散することなく活動を続けた。その活動は大きく三つに分けられる。

(1)賞賜の分配や借金で賄った戦費の返済。
(2)因州藩軍務局附属隊としての活動の継続。

(3)遺族への補償や慰霊。

帰村の翌々日、さっそく伍長会議が開かれ、隊中規則を起草して再征の命に備えた。十四箇条に及ぶ条文には、定期的な調練への参加、武具の調整などのほか、賞賜の分配にも触れられていた。すなわち「御賞典録は取締之を請取、始め一回分は之を惣人員へ分与し、その后期よりは悉皆《しっかい》隊費債へ塡入し負債済方法相付候迄は分配致さぬ事」と定められた。山国隊の軍費は全て自弁であったので、因州藩周旋方の千葉重太郎を通じて藩から借金するなどして賄って来たのだが、山林の売却や、隊士や遺族たちに終身支給される賞典を充てて返済していくこととなった。そして明治八（一八七五）年六月、その終身禄を奉還した見返りに、残額をようやく完済出来たのだった。

山国隊は朝廷から因州藩軍務局へ附属を命ぜられたため、帰郷後も軍事調練や銃器の調整を怠らぬよう鳥居村に練兵場を設け、伍長以上は六の日毎に集まり軍事教練を継続することとなった。そのため司令士だった原六郎に周旋を依頼し、フランス式教練に熟達した教官指木十郎ほか一名を派遣して貰うほどの熱の入れようだった。隊士らは維新の戦乱が片付き、次は孝明天皇が下した攘夷の勅命を遂行するものと思って教練に励んでいたのだが、明治政府は対外融和の開国路線であったので、それは二ヶ月ほどで中止となっている。明治四（一八七一）年七月十四日には、廃藩置県によって因州藩軍務局との関係を絶たれ、山国隊の管轄は京都府に移った。これに伴い因州藩から、銃器など貸渡し品は一切返却に及ばずとの通達があった。山国隊のミニエー銃は因州藩から隊に貸し渡されたものがほとんどだったが、戊辰の役の戦場で命を預けた「戦友」とも言うべき銃が、これで正式に隊士らの所

図19　薬師山招魂社（のちの山国護国神社）の古写真

有となったのである。のちに山国隊は時代祭で祝砲を放って観衆の度肝を抜くのだが、この時にも下げ渡しを受けた小銃が使われたものと思われる。

山国隊の帰郷に先立つ明治二（一八六九）年正月十九日、凱旋後の京都滞在中に隊士北小路萬之輔が敗血症で死亡した。藤野らは京都・妙心寺天球院の因州藩墓地への埋葬を要望した。当初藩からは、前例が無いので困難であるとの意向が示されたが、押して協議を重ねどうにか許諾を得ている。あくまで官軍兵士としての処遇にこだわったのだ。

明治二（一八六九）年二月二十五日、帰郷から一週間後、山国隊は軍装を整え山国神社へ東征成就を奉告、続いて辻村薬師山に設けた招魂場で戦病死した七名の慰霊祭を実施し、木碑を建立。以後招魂祭は必ず軍装して参拝することとした。なお、明治八（一八七五）年からは薬師山の招魂社へ管轄庁の京都府から監督官が出張するようになり、明

図 20　霊山護国神社の鳥取藩招魂社

治十五（一八八二）年には「招魂社祭祀及び修繕などの諸費は悉皆官費をもって支給せられ候事」との達しがあって、以降はその運営公費で賄われることとなった。役人が参列し官費が支払われるというのは、隊士たちにとって負担軽減以上の意味があった。一命を賭した勤王奉公も、国家が認めなければ大義が薄らいでしまうからである。

またこれら山国隊士の御霊七柱は、明治二年三月に京都東山の霊山へ京都府招魂社が建立されると、祭神として合祀された。さらに明治三（一八七〇）年、鳥取藩が霊山に招魂社を建立した際にも、戊辰戦争で斃れた山国隊士が合祀された。京都府招魂社もこの時の鳥取藩招魂社も、御霊の合祀に当たって一連の祭祀を取り行ったのは、文久年間から同地で尊王派志士の葬祭に携わって来た霊明神社である。当時霊明神社は、慶応四（一八六八）年五月に発せられた太政官布告により、戊辰戦争の戦死者を含めた「癸丑以来国事に斃れ候諸士及び草莽有志」の葬祭を行う官祭招魂社の役割を担っていた。鳥取藩との関係についてみると、「霊明神社記録」にはこの年十一月に大将軍の練兵場に宮司が出張して同藩の招魂祭を行ったという記事があり、そうしたつながりを踏まえて招魂社建立が実現したものと思われる。因みに霊明神社は、明治十(一八七七)年に境内を除く敷地一、八八〇坪余を公収され、今日に至っている。これにより、幕末維新の殉難者が眠る墓域は官修墳墓となり、併せて官立の霊山招魂社(現在の京都護国神社)が建立されて祭祀を引き継ぐこととなった。

図21　辻啓太郎〔水口民次郎『丹波山国隊史』(山国護国神社、1966年)より〕

図22　河原林益三(水口幸太郎)(山国隊軍楽保存会所蔵)

明治十(一八七七)年二月、西南戦争が起こると、山国隊士と関係者計二十八名は四月三十日に従軍願書を京都府知事宛に提出した。しかし「賊すでに平定したるをもって殊勝の志なれども願意聞き届けがたき」と却下されている。既に明治六(一八七三)年には国民皆兵の理念の下、徴兵制が布かれていたので、草莽隊の出番は無かったのである。

明治十一(一八七八)年十月十二日、京都府より藤野斎ほか山国隊士四十七名に対し、礼服を用意のうえ出府すべしとの達しがあり、御所において天顔奉拝の栄に浴することとなった。永井登『丹波山国隊誌』（以下、『丹波山国隊誌』）には「一隊の喜び譬うるにものなし。十八日各沐浴して出頭し謹んで御常御殿御廊下に整列し以て天顔に咫尺《しせき》し奉るの栄を蒙り一同感泣したり」と記されている。この栄誉は山国隊だけのものでなく、千年以上にわたり勤王奉公に務めた全ての山国郷民のものとも言えよう。明治十一（一八七八）年は、藤野と上七軒（北野天満宮そば）の芸妓で娘義太夫の牧野やなとの間に二人目の男子が授かった年でもあった。その子は、後世「日本映画の父」と呼ばれた牧野省三である。映画監督として、目玉の松ちゃんこと尾上松之助と組み傑作を世に送り出す傍ら「マキノ・プロダクション」を設立し後進の育成に励んだ。牧野は山国の人々に「一度暇ができたら、山国隊の東征を映画化してみたい。もちろん、隊の取締の役はこのワシがやるがネ」と語ったという（『山国隊』）。しかし牧野は山国隊映画化を実現せぬままこの世を去った。山国隊は昭和二十（一九四五）年に大映で市川歌右衛門主演で『紅顔鼓笛隊（のちに暁の鼓笛隊と改題）』として映画化されたが、藤野斎は登場せず史実ともかけ離れた内容となっている。

藤野斎は、帰郷後も隊士らの支持を得て取締の職を任されていたが、明治二（一八六九）年二月からは久美浜県京都出張所で公用人も兼務していた。そのきっかけは因州藩士伊王野次郎左衛門との再会にあった。伊王野は既述のように山国隊創設に関わった人物で、藤野たちを家老荒尾駿河や岩倉具視に斡旋した人物である。新政府はこの頃丹波・丹後など五ヶ国の旧幕府・旗本領を管轄するために久美浜県を設け、初代知事に伊王野を任じていた。当時凱旋直後で京都滞在中だった山国隊は、伊王野入京の報せを受けるや軍装に改め出迎えたのち、久美浜県京都出張所まで送り届ける間、隊列を組んで護衛した。伊王野が檜山で初めて出会った頃の山国隊は、まだその名を持たず、武装もまちまちな素人集団であった。そんな彼らの堂々たる行軍に感じ入った伊王野は、その後設けられた酒席で誇らしげに称賛した。

「今日の士気盛んなる諸君を見て、実に檜山の姿と見違えたり。驚き入った。」

知事は喜色満面の勇士たちに自ら酒を注いで回った。こうした再会があって、知事になって日が浅く、丹波一帯の実情に詳しい腹心を求めていた伊王野は藤野に白羽の矢を立てたのだった。その後も藤野は地方行政に携わり、明治十二（一八七九）年北桑田郡創設の際には初代郡長となった。学校教育にも力を入れ、明治三（一八七〇）年には知己の儒者田原正積を招いて比賀江村高田寺に私塾『有隣館』を開校している。

ほかに辻啓太郎もまた、久美浜県京都出張所に勤め、明治十二（一八七九）年には京都府会議員となった。さらに明治十四（一八八一）年からは山国村村会議員を兼任、明治二十二（一八八九）年には山国村村長となっている。水口幸太郎は、大野村の河原林完吾家に養子に入って河原林益三と名乗り、明治十八（一八八五）年に設立された北桑田郡初の銀行『北桑融通会社』の発起人に名を連ねた。

こうした一部の者を除けば、歴史の表舞台から去った山国隊が再び脚光を浴びるのは、時代祭への参加からである。

（三）平安遷都千百年紀念祭

京都は禁門の変の戦災で町家の三分の二が焼失し、明治に入っても復興はままならなかった。東京遷都で皇室御用の商人など多くが転出したため、三十五万あった人口は二十万余に減少、京都はすっかり往時の賑わいを失ってしまった。

その対策として、明治三（一八七〇）年からは京都府に産業基立金《もとだて》計十万両が下付された。また明治天皇は故郷京都の様子に心を痛め、復興に寄与せんと十二年間にわたり年四千円を下賜した。こうしたこともあって、京都市民の復興への機運はますます高まり、様々な振興策が図られた。

明治十八（一八八五）年、京都経済復興の起爆剤となる琵琶湖疏水の開削が始まった。琵琶湖疏水は琵琶湖と京都とを繋ぐ一大水路で、単に京滋の水運が至便となっただけでなく大規模な水力発電所を併設することで、工場誘致に大いに貢献した巨大プロジェクトであった。明治二十三（一八九〇）年三月には通水開始、四月の完成式典には明治天皇を奉迎し竣工式典が挙行された。計画を主導した北垣国道知事は、山国隊司令士原六郎の親戚。隊長の河田とも親交深く、柴捨蔵の変名で因州藩に属して鳥羽・伏見や北越で戦功を挙げた。その縁で藤野ともよく酒を酌み交わす仲であった。

一方で、日本で初めての博覧会が京都で開かれた。明治四（一八七一）年西本願寺で開かれた「京都博覧会」では、日本中の物産品が展示され貿易振興に一役買った。これに刺激を受けたものか、明治十（一八七七）年に国の肝煎で「内国勧業博覧会」が開催され、様々な経済効果が認められた。第三回までは東京上野で開催されていたが、次回からは関西で開かれることになったため、京都では地元での開催を待望した。

明治二十七（一八九四）年は桓武天皇が平安京に遷都して千百年に当たるので、これを紀念して「平安遷都千百年紀念祭」を挙行し、併せて「第四回内国勧業博覧会」を誘致して同時開催することが京都市で決定した。明治二十五（一八九二）年七月のことであった。

招致活動の結果、第四回内国勧業博覧会開催は京都に決まったものの、時期を一年延期せよとの内示が出された。開催時期が重なるカリフォルニア冬季国際博覧会への出展に配慮したものと思われる。紀念祭との同時開催にこだわった市会は知恵を絞り、桓武天皇が平安遷都後、最初に大極殿で朝賀の礼を受けた延暦十四（七九五）年正月から数えて千百年を紀念する、として乗り切った。

こうして紀念祭と博覧会を盛り上げる官民一体の運動が行われた。博覧会場の隣接地には、紀念祭の目玉として平安京の大内裏を復元して紀念殿とすることが決まった。この紀念殿はのちに拡張され桓武天皇の御霊を奉祀する「平安神宮」とすることとなった。また東京で有栖川宮熾仁親王を総裁に迎えた「平安遷都千百年紀念祭協賛会」が発足し、創立委員長には山国隊隊長であった河田左久馬の弟、河田景福が推挙された。協賛会は紀念殿造営の寄付を全国規模で募るなど協力を推し進めた。

もちろん山国を含む北桑田郡にも協賛会から多額の寄付金要請があった。協賛会は寄付金額を旧皇室直轄領の由縁から千円と多めに見積もっていたが、同郡で集まったのは三百円程度と寄付は低調であった。そこで協賛会は同郡出身の衆議院議員、野尻岩次郎に依頼して寄付金の増額を要請したため、住民側では無下にこれを断れず困惑した。山国隊の時代祭参加は、そうした北桑田郡の面目を施す意味もあったのではないかと思われる（野尻岩次郎も山国隊として時代祭に参加）。

明治二十八（一八九五）年二月一日には、疏水を利用した水力発電で動く、我が国初にしてアジア初の市街電車、京都電気鉄道会社の路面電車が開通するなど、紀念祭に向けて様々な計画が実行された。

完成した紀念殿は予算の都合から実寸の八分の五規模であったものの、壮観目も醒めんばかりであった。初代宮司には元東京府知事にして、八・一八の政変で都落ちした公卿の一人壬生基修《もとおさ》を迎え、三月十五日に御鎮座式を営んだ。こうして、京都市民が熱望した「平安神宮」が創建された。市民が一致協力して摑んだ、千年の都の自負が詰まった神社でも

図23　第四回内国勧業博覧会会場（平安神宮所蔵）

あった。

四月一日、第四回内国勧業博覧会が開催されるや、七月三十一日の閉幕までに入場者百十三万名余が訪れ、平安遷都千百年紀念祭に向け、いよいよ京都中が熱狂に包まれていった。五月には明治天皇の臨幸も計画され、博覧会は成功裡に幕を閉じた。

(四) 平安神宮と時代祭

平安遷都千百年紀念祭は、博覧会開催中の明治二十八年四月三十日に営まれるはずであった。しかし明治天皇の不例で臨幸が取り止めとなったため、改めて十月二十二日執行と決まった。その日は、延暦十三(七九四)年に桓武天皇が入京した日であるが、この時はまだ紀念祭に時代行列を加える妙案は生まれていなかった。

六月十七日、紀念祭幹事の西村捨三(旧彦根藩士。沖縄県令、大阪府知事など歴任)は、幹事・役員など五十余名を祇園中村楼に招待し、紀念祭の一奇観として時代祭の執行、神苑保存のための平安講社創設について大演説を行った。時代祭は桓武天皇の時代から現在までの風俗を再現した行列が京都市内を練り歩くというものである。

早速時代祭取調委員会が立ち上がり、平安講社は上京区と下京区を学区単位で計六つに分割し、それぞれに行列を割り当てた。上京第一社地区は延暦文官参朝式、第二社地区は延暦武官出陣式、第三

図24　創建時の平安神宮(平安神宮所蔵)

社地区は藤原文官参朝式。下京第四社地区は城南鏑流馬式、第五社地区は織田公上洛式、第六社地区は徳川城使上洛式を受け持つことになった。西村翁の演説は『京都日出新聞』(明治二十八〈一八九五〉年六月十九日、二十日)に二日にわたって掲載され、大いに反響を呼んだ。

山国隊は藤野斎が主唱して、桓武天皇との由緒から勤王奉公として参加を申し入れ、八月には協賛会と時代祭取調委員会から認可を受けた。行列には旧隊諸士またはその子孫が参加することとなった。因みに当時の山国村長は山国隊士として東征した辻啓太郎で、彼ももちろん行列に加わった。

参加に当たっては、有栖川宮京都凱旋時に錦旗警衛を務めた時の行列を再現した。錦旗二流を新たに調製し、軍装は祭礼に相応しく三才羽織を綸子で縫製するなどきらびやかな工夫を交えた。銃器については因州藩から払い下げられたものが使われた。また「鼓笛の楽隊は維新当時の参加の残存者もあったが、猶不十分であったので、水口謙三郎が京都へ出張して、種々研究したり、見聞して恥ずかしくないものを組立てて之を楽員諸氏に伝授した」とされる(『丹波山国隊史』)。

番外参加では、ほかに丹波の南桑田郡（現亀岡市）・船井郡有志の「弓箭組《きゅうせんぐみ》」が参加した。山国隊が加わろうとした西園寺の山陰鎮撫総督府に糾合された、あの弓箭組である。

こうして訪れた明治二十八（一八九五）年十月二十二日、京都市民待望の平安遷都千百年紀念祭が盛大に幕を開けた。明治天皇の臨幸は叶わなかったが、紀念式には御名代山階宮晃《やましなのみやあきら》親王殿下が臨席し「ここに京都市民平安奠都千百年紀念式を挙ぐ、朕之を嘉す」との勅語を賜った。紀念祭は三日間にわたり盛大に執り行われた。会場には日清戦争の戦利品が数多く展示され慶祝気分はさらに高まった。

二十五日、第一回時代祭行列挙行の当日は、前日の曇天とはうって変わって小春日和の好天気となった。沿道にはまん幕が引き廻され、提灯、屛風が飾られ、朝から行列を待つ群衆の熱気が充満した。しかし時代行列は初めての大イベントとあって、予定よりかなり遅れて、午後にようやく出発点の京都市議事堂を発した。列の先頭は延暦期から始まって江戸期へと、現在とは逆の順番で並び、殿は弓箭組が務めていた。その後は市内を練り歩き、平安神宮参拝後、再度出発して烏丸三条で散会という予定であった。

山国隊は列外参加だったので別行動だった。この日の集合場所は北野天満宮。山国郷士たちにとっては、入洛時に必ず近傍を通る馴染の信仰篤い神社である。そのため調練中は毎朝戦功大なるを祈念し、また凱旋後は隊名の刻まれた石灯籠を奉献している。

参拝後山国隊は南へ下り、二条城前の馬場まで移動した。当時二条城周辺は、西高瀬川の終着地千本三条の最寄りで材木問屋が軒を連ねていたため、山国の関係者が多かった。丸太置場など広い土地もあり、百二十三名が集まる場所にはうってつけであった。

山国隊は午前十時出発。隊伍を組み、「扮装頗る勇ましく」軍楽を打ち鳴らして行軍。途中知恩院で記念写真撮影ののち、博覧会場入口だった慶流橋畔で祝砲を放ち、平安神宮で合流すべく待機した。合流は午後四時過ぎで、境内には見物人が押寄せて気絶した者もいたという。参拝の折には山国隊も加えた時代行列全てが整列し、太極殿に登り拝礼した。

山国隊は参拝が済んだ後に発火演習を行ったが、集まった観衆には見慣れぬものだっただろう。この当時、兵役や学校での兵式体操を通じ軍事教練

図25　山国隊（知恩院での記念写真）（山国隊軍楽保存会所蔵）

は多くの人にとって身近なものだったが、明治二十年代と戊辰戦争の頃とでは、その内容にかなりの差異があった。例えば指揮信号ひとつ取ってもラッパと太鼓の違いがあり、『京都日出新聞』（明治二十八〈一八九五〉年十月二十七日）には「維新前後英式の操練軍にして、笛太鼓の調子節に合し、軍隊の足並遅速なく」とある。山国隊は正しくはフランス式であるが、イギリス・フランス何れの兵式だったにせよ、観衆の目には維新の昔日をしのぶ懐かしい姿と映ったことだろう。因州藩から配備されたミニエー銃は戦後山国隊にそのまま差し置かれており、発砲は実銃で行われたはずである。二十挺の一斉射撃はかなりの迫力で観衆の耳目を引いたことであろう。明治三十三（一九〇〇）年度も「大極殿龍尾壇上において当時の操練の式をなした」（『京都日出新聞』明治三十三年十月二十三日）と記事にあり、初年度にみせた発火演習と同じかどうかは定かでないが、まだ旧来型の洋式調練が続いていたことが窺われる。

当日の編成であるが、『平安遷都千百年紀年祭協賛誌』及び『丹波山国隊史』によれば、隊士の編成は次の通りであった。

山国隊
前駆　水色旗旗手二名　御使番森脇一朗騎馬　〃佐伯止戈騎馬　大隊旗旗手二名
楽隊長・大太鼓水口謙三郎　大太鼓一名（交代要員？）
篠笛田中丑之助　〃西村喜間太　〃田中新次郎　他一名

小太鼓藤野卓爾　〃北小路清三郎　〃久保秋太郎　〃辻治三郎

前護衛士二名　模倣日月旗旗手四名　護衛士四名　隊長藤野斎騎馬従者二名　白赤旗旗手二名

組頭辻啓太郎騎馬従者一名　嚮導二名　司令士辻繁次郎騎馬　兵士十名　半隊司令士　兵士十名　嚮導一名

赤白旗一旒旗手二名　後殿野尻岩次郎騎馬　後衛二名騎馬　輜重一名　弾薬二荷　目籠二荷

役員、兵士九十一名のほか、周旋従者等三十二名。合計百二十三名。

時代行列の終着点・烏丸三条到着は午後七時過ぎだったにもかかわらず、往来は見物人雲霞の如く、立錐の余地無しといった景況であった。時代祭を提唱した西村捨三は、『京都日出新聞』（明治二十八〈一八九五〉年十月二十六日）に寄稿した「京都人士に告ぐるの書」の中で「今や大典終わるの日に当って不肖捨三、手舞足踏の余り」「最早捨三の志望満足の結果を得候」との賛辞を送った。

翌明治二十九（一八九六）年九月二十日、旧協賛会幹事会及び時代祭取纏委員会などで会合を持ち、昨年同様時代行列を行い、日程は十月二十二日に変更すると正式決定した。延暦十三（七九四）年のこの日に桓武天皇が長岡京から平安京へと遷幸した慶事を祈念するためである。以来現在まで、時代祭はこの日に執行されている。それに伴い徳川城使上洛列から時代を遡行する形で列順が定められ、山国隊は列外から昇格して本列の先導役に決まった。しかし名誉ある大役にもかかわらず、山国隊はこの年の参加を辞退した。

この年、八月三十日から九月七日の長期にわたり、山国村はいわゆる「明治二十九年の大洪水」に見舞われていた。家屋は流失し田畑は埋没、堤防も崩壊、周山大橋では約七メートルの増水という記録的な豪雨である。山国は山間部で大堰川沿いに村落が集中しているので被害が大きかった。過去にも嘉永三（一八五〇）年春に藤野五右衛門（斎の父）、辻彦六らが計画し村内の大堰川を改修するなど山国には水害と戦った歴史がある。復興に尽力するため、山国隊は時代祭への参加断念を決めたのだった（『朝日新聞』大阪版、明治二十九〈一八九六〉年十月二十一日）。

翌明治三十（一八九七）年からは取り決め通り、ようやく本列の先導役として参加が実現した。反響が大きかったようで、明治三十一（一八九八）年十月二十六日付『京都日出新聞』の読者投稿欄「状さし」に、山国隊への質問が二つも掲載された。ちょっと面白いので紹介すると、

図26 「山国隊進軍式」（明治後期〜大正初期の絵葉書）

「官軍山国隊は行列中の馬具に西洋形を用いていますが、その時代の馬具は西洋風になっていたのか、ちょっとお尋ね申し上げます」

との素朴なのか意地悪なのか微妙な質問だが、

「当時の馬具は決して和具一定ではありません。維新の際は和洋混用でありました。故に当隊の行列にも洋あり和あり乗り手の好みに任せ、多少当時の状況を写しております」

と、当時の戦場を知る者にしか出来ない回答をしている。次に、

「山国隊に来年よりは銃を右肩にかたげられん事を乞う」

との要望があった。こちらの投稿は、兵役により明治二十年代の軍事教練を受けた読者からと思われるが、これには、

「英式だと銃は左肩ですが、(左)腰に佩刀していると「肩へ筒」(号令)の時など甚だ差し支えがありました。兵式を問わず行軍時は時々肩を入れ替えますので、当隊も行列中は時々左右替えていました。

図 27　担え筒の図

左：フランス式〔林正十郎訳『仏蘭西歩兵繰練書』(松園塾、1866 年)より〕。

右：イギリス式〔高槻肇編『英国歩操図解』(高槻肇蔵版、1866 年)より〕。

読者先生は左肩の時に目撃したのです。佩刀するからには銃は右肩を以て通常とする。先生が注文するまでもないことです」と回答している。右肩に銃を担ぐフランス式で実戦経験を積んだ山国隊は、写真などみる限りやはり右に担いでいたようだ。ただし京都凱旋時にイギリス式の部隊と共同警固の任に就いた経験から、イギリス式教練を詳しく知る立場にもあったので、こうした回答となったのだろう。

明治三十二（一八九九）年の時代祭では大極殿前において軍楽を奏したらしく記事になっているが、これは「行進曲」ではなく招魂祭のために作曲した「礼式」ではあるまいか。『京都日出新聞』（明治三十二年十月二十三日）によると「拝観者中維新の当時を追想し感に堪えざるものありし」とあり、勇ましい行進曲よりも礼式の感傷的な旋律に相応しい論評で記事が締め括られているからである。

（五）山国隊から維新勤王隊へ

明治三十四（一九〇一）年度、六度目の参加にして何が起こったのか、山国隊より服装破損のため五ヶ年に一度の参列にしたいと平安講社理事会に申し入れがなされた。前年には補助金が送付されているものの、服装の修繕費に事欠いたのだろうか。確かに峠を越えて祭に参加するだけで二泊三日、それも百名以上の大人数ともなれば、費用も馬鹿にならなかっただろう。さらに地元の小学生も時代祭のため休校練習するなど、山国全体が秋の農繁期に被る負担を鑑みての申し出だったと思われる。

理事会では熟考の末却下したが、三十四年度を以て参加は一段落とし、次回からは五年に一度と決したようである。明治三十六（一九〇三）年十月二十四日付の『京都日出新聞』には「丹波の山国隊来たらざりしより維新の変革の状態を見るを得ざりしも遺憾なりしとの評あり」さらには「模擬山国隊を拵えて貰いたいと云いし者もあり」と、早くものちの維新勤王隊に繋がる意見が出ている。

次に時代祭へ山国隊が現れたのは五年後。日露戦争終結後の明治三十九（一九〇六）年であった。時代行列を先導した隊列は少し減って百余名であったが、五年ぶりの勇姿をひと目みようと観衆が山となり道筋の両側も人の塀を築く盛況ぶりであった。ただ藤野斎は既に明治三十六（一九〇三）年に他界しており、この時の山国隊復活をみることはなかった。

翌明治四十（一九〇七）年には、毎年参加の方針に変更となり奉仕が叶った。山国隊への補助金は当初百五十円で、この頃は二百円に増加していたのだが、明治四十一、二（一九〇八、〇九）年は参加が叶わず、五ヶ年に一度の出京参列に戻している。『京都日出新聞』が市民の意見を代弁している。

「行列の先登として山国隊が音楽隊を真先に堂々として行く姿は頗る人気に投じて居るのに本年はそのピーヒョリ、ホットイテの笛太鼓を聞かないので何やら物足らぬ淋味《さびしみ》があった。聞けば経費の都合で参加出来ないのだという、何とかして毎年参加の出来ないものであろうか。殊に当年の勇士が生き残って居るのであるからその姿を観ないのは一入の残念さであるまいか。」（明治四十二〈一九〇九〉年十月二十三日）

明治四十三（一九一〇）年は、コレラ発生により時代祭が十一月七日に延期となって農繁期を外れたためか、『平安神宮百年史』に理由はみあたらないが、五年の予定を繰り上げ奉仕した。『京都日出新聞』は「矢張り十万受けするのは山国隊と徳川上洛式とに止めを刺すらしい、山国隊は例に依つて笛太鼓で面白く囃し立てて行く態は当年の勇戦の程も思われる」（明治四十三〈一九一〇〉年十一月八日）と、特にこの二列がお気に入りのようであった。これに気を良くしたか、山国隊は翌四十四（一九一一）年も参加。『京都日出新聞』もよほど慶事に感じられたらしく、紙面を割いてベタ褒めしている。

「先登第一は列外の山国隊の紅白の錦旗二旒が朝風に靡き日月が日にキラリと光る、例の仏国式を加味した山国隊の楽隊の音が聴こえる、山を崩した印の紋の旗が行く、白頭黒頭の所謂山国隊が歩武粛々と足並揃えて行く、白の後鉢巻に服は緋黒の筒袖の陣羽織に義経袴は見た目に凛々しい、皆『魁』と云う字を書いて背の紋にしている。隊長や参謀は騎馬だ、老人もおれば少年も交じる彼らや彼らの父は皆皇国の為に力を尽した人だと思うと血が躍る」

「僅かに山国隊の調練の楽隊が多少耳を賑わす計りであとはシトシトと夜のお祭りのようである」

「相変わらず最も人気のあるのは山国隊で真先に歩調を揃えて行く様は漫《すず》ろ当年の役を想い出さすものがある、そして態々遠くから出て来るだけに一行が真摯で宛然《えんぜん》当年の砲火の中に進むという気分が見えて嬉しい」（明治四十四〈一九一一〉年十月二十三日）

大正元（一九一二）年は明治天皇崩御につき諒闇中であったため、時代行列は自粛となり山国隊も神事のみ参列。総代辻啓太郎が玉串を奉納した。

時代祭も初回から数年が過ぎると、祭具・衣裳などの劣化が進み補修が不可欠だったため、たびたび理事会で対策協議がなされていた。時代考証や質感の向上も加え、修繕は大正二（一九一三）年の時代祭に合わせて行うことになった（『京都日出新聞』大正元〈一九一二〉年十月六日）。ところが、この大正二（一九一三）年の一斉修繕に、山国隊の修繕が間に合わなかったことが十月六日の平安講社組長総会で判明した。『京都日出新聞』大正二（一九一三）年十月八日付記事によると、「祭器、祭具の大修繕は委員諸氏の熱誠なる尽力にて本月十一日を以て各社共悉皆落成を告げたる旨を報告」とあるものの、「山国隊は本年は列に加わる事となり居りしもその服装は二十八年創設以来修繕せざるを以て大破損に及び修繕の要求ありしも何分百余名の服装なれば今より着手するも二十二日迄に竣成不可能」と記されている。

いよいよ今月時代祭挙行という時、各社修繕完成見込みと報告の一方で、山国隊の祭具・衣裳などは数が多過ぎて今からでは間に合わないという。「なれば破損の侭参列方を依頼したるも、何分見苦しくして大修繕を加えし各列も共に列する能わずとて止むなく拒絶し来たりしを以て遺憾ながら参列せざることに決したる」ということで、服装を一新した行列の中で、山国隊だけがお古というわけにもいかず、参加は翌大正三（一九一四）年までお預けとなってしまった。

大正二（一九一三）年度の時代祭は予算五千余円をもって大修繕を敢行しただけに、ほとんど新調の如く見応えがあった。殊に延暦武官の鎧兜が従来のボール紙から皮革製となり、徳川城使上洛列の乗物が網代から畳打の駕籠に改正され、前列の服が、絹から紋紗の狩衣になるなどは一層見栄えを増して時代祭の荘厳さに磨きを掛けた。であればこそ、すっかり山国隊のファンになった感のある『京都日出新聞』は「笛太鼓の囃子に子供が喜ぶ山国隊の来たらざりしは遺憾なり」と記事に書いている（大正二〈一九一三〉年十月二十三日）。

大正三（一九一四）年七月三日、山国隊の服装器具類も改修の目処が立ち、その概要が『京都日出新聞』に掲載された。費用は京都市の補助金三百円、平安講社積立金四百九十一円五十銭の合わせて七百九十一円五十銭であった。内訳を記事から抜粋すると、「三百六十四円黒紋毛織陣羽織及び紫紋同上袴七十組（単価五円二十銭）、百六十四円五十銭浅黄紋綸子鎧下七十組（単価二円三十五銭）、二百三円毛植帽立七十組（単価九十銭）、六十円予備費として高島屋飯田呉服店が引き受けたり」とある。因みに平安講社大正二（一九一三）年度の支出総額は二千二百五十円九十三銭であったという。

そういうわけで、大正三年度の時代祭は先陣の山国隊は衣装も絢爛に装いを新たにし、非常の光彩を放っていた。『京都日出新聞』（大正三〈一九一四〉年十月二十三日）は相変わらず山国隊に一コマ割いて記事を書いているので少し長いが紹介しよう。

「山国隊について。別項時代行列の先頭に立ちて戊辰の名残を留めたる山国隊は北桑田郡大字山国村小字七ヶ村の村民によって組織せられ例年参加するは五十六名なるも本年は祭器装束等七十組を新調せられたれば増員して計百三十名となりたり。装束中には維新当時その侭のものを着けたるもありて錦旗護衛の役たる河原林益三、藤原宇之佑、横田久馬次の三氏の如きは当時の実戦に参加したる人なり。同隊は郷里に在りて山国社を組織し全員九十六名は毎年招魂祭を執行し山林の経営に務め附帯事務として時代祭に参加するものなりと。なお当日は他の行列の如く任意に市議事堂に集合するに異

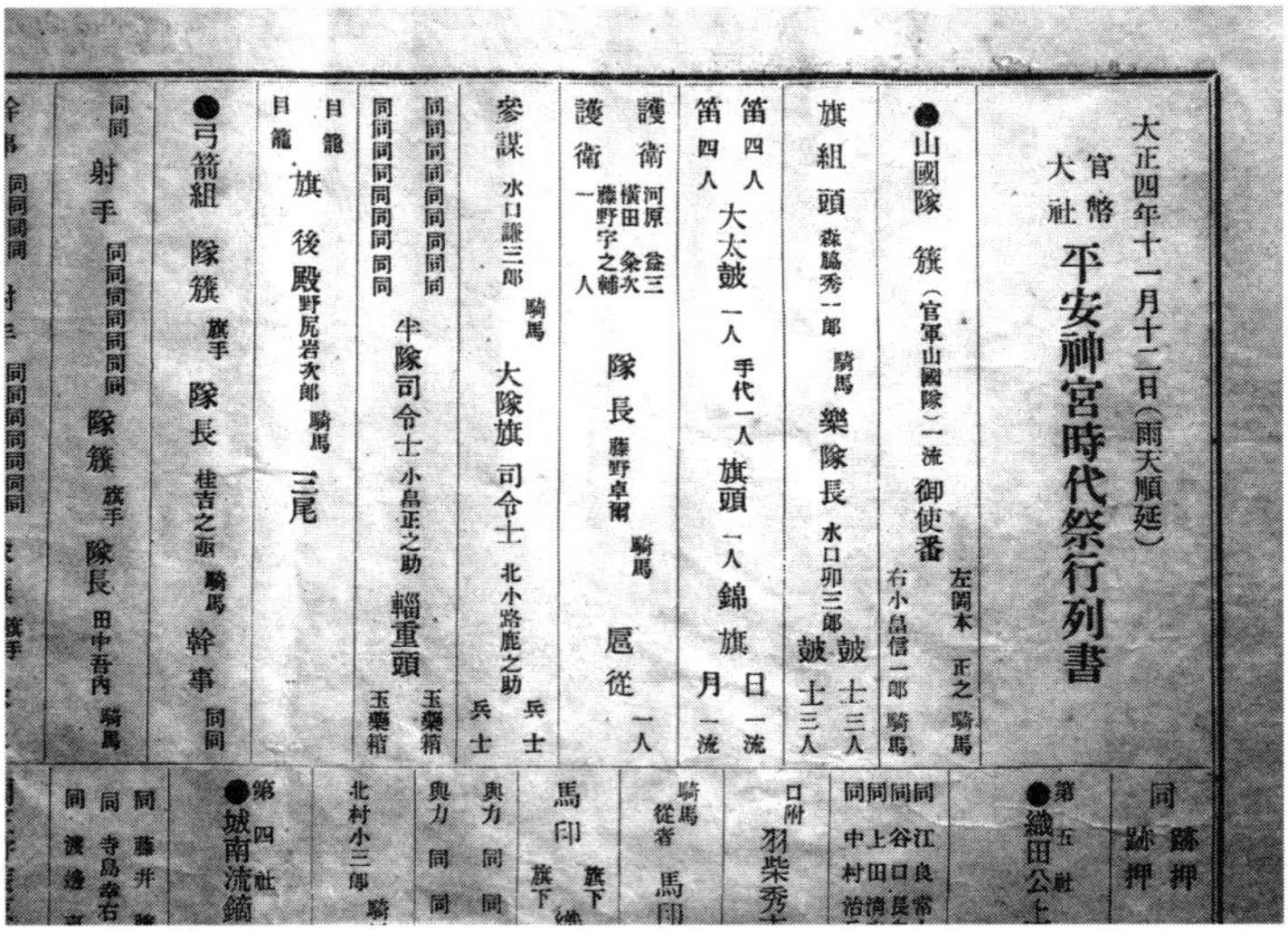

大正四年十一月十二日（雨天順延）
官幣大社 平安神宮時代祭行列書
●山國隊　籏（官軍山國隊）一流　御使番　左岡本正之騎馬　右小畠信一郎騎馬
旗組頭 森脇秀一郎 騎馬　樂隊長 水口卯三郎　皷士三人　皷士三人
笛四人　大太皷一人　手代一人　旗頭一人　錦旗 日一流
笛四人　錦旗 月一流
護衛 河原益三　横田条次　藤野宇之輔　隊長 藤野卓爾 騎馬　扈従一人
護衛一人
參謀 水口謙三郎 騎馬　大隊旗　司令士 北小路鹿之助　兵士　兵士
同同同同同同同同同　半隊司令士 小畠正之助　玉藥箱
同同同同同同同同同　輜重頭　玉藥箱
目籠　旗　後殿 野尻岩次郎 騎馬　三尾
目籠
●弓箭組　隊籏 旗手　隊長 佳吉之亟 騎馬　幹事 同同
同同　射手 同同同同同同同　隊籏 旗手　隊長 田中吾内 騎馬

図 28　「平安神宮時代祭行列書」（1915 年）

なり今宮御旅前に於て列を整え途上御所を参拝して祭列に加わりたるなど古武士の俤《おもかげ》ありてゆかしかりき」

大正四（一九一五）年度の時代祭は京都市大典記念博覧会との日程調整で十一月十二日に延期となったため、十月二十二日には行列の参役宣状式を執行し、山国隊も主な隊士が参列した。『京都日出新聞』（大正四〈一九一五〉年十月二十三日）には参列した当時の山国隊幹部の名前が列記されており興味深い。組頭森脇秀一郎、楽隊長水口卯之助、隊長藤野卓爾、参謀水口謙三郎、司令士北小路鹿之助、半隊司令士小畠正之輔、後殿野尻岩次郎。藤野卓爾は、藤野斎の子息である。他も代替わりして維新の世代でない隊士が山国隊を切り回していたことが分かる。

大正四～六（一九一五～一七）年と引き続き山国隊は時代祭に奉賛し、これからも順調に続くかと思われたが、大正七（一九一八）年以降、再び不参加となってしまった。今後の山国隊奉仕が危惧されたので、関係者は参加に向け善処しようと働き掛けた。『平安神宮百年史』には、山国隊関係の記述がこの時期から増えている。

大正八年　七月四日　時代祭山国隊供奉費につき、大西・大原両理事が平安神宮に来宮し協議。
〃　九月二十九日　府下桑田郡山国村山国隊長、時代祭参列の件につき来宮。
大正九年　七月十二日　時代祭山国隊の件につき山国隊幹事と協議。
〃　七月十六日　山国隊編成の件に関し、宮司、平安講社理事と市役所に赴き、協議。
〃　十二月十四日　宮司、山国隊補助金請願書を京都市へ提出。

山国隊の辞退を引き止めるために、平安神宮と平安講社はいろいろ苦慮し、隔年に一回参列するという意見も出たらしいが、結局参加は実現しなかった。その原因の最たるものは、参加に要する経費と負担である。時代祭への参加によって、農繁期に百名余りもの人手を取られたり、滞在中の飲食費など、各戸負担が応分に必要で、今でこそ車で一時間ほどだが、当時は洛中まで歩くと一日仕事なので、宿泊費用が馬鹿にならないなど、補助金では賄い切れない状況であった。国内の景気動向としても、山国隊が継続参加した大正三～六（一九一四～一七）年の間は第一次世界大戦の特需による空前の好景気であったが、戦争が終結した大正七（一九一八）年からは反動不況で景気が悪化しており、山国隊不参加の時期と合致している。

また、これが一番の原因と思われるが、年を経るにつれ戊辰の役参戦の古老が相次いで逝き、「暫時余熱が醒めた結果、今後村から進んで出る事はちょっと難しい情勢となって来た」（『京都日出新聞』大正十〈一九二一〉年九月二十四日）。こうした状況が重なり、結局山国隊の参加は大正六（一九一七）年を最後に辞退となってしまった。『京都日出新聞』も山国隊の参加しない時代祭の物足りなさを「本年は山国隊がないので稍寂しく物たらぬ気もせぬではないが、静粛にして森厳の感じは返って深く見えた」（『京都日出新聞』大正七〈一九一八〉年十月二十三日）と、他列に配慮したちょっと苦しい表現で書いている。

大正八（一九一九）年十一月、平安講社理事会で山国隊に代わる行列の審議がなされた。まだ復帰について山国隊と協議中であったが、平安講社としても祭祀執行上、評判の山国隊を欠いては支障があったので致し方なかったのだろう。講社で独自の鼓笛隊創設を進めることとし、山国隊にその旨通告したという。このためか、山国隊の参加を大正八（一九一九）年までとする資料が多いが、『平安神宮百年史』や『京都日出新聞』によれば、最後の参加は大正六（一九一七）年である。

その一方で、平安神宮・講社・市役所は翌大正九（一九二〇）年も山国隊と復帰について協議を進めていた。恐らく関係者の間では、山国隊の参加、不参加で意見が分かれていたのだろう。宮司は十二月十四日に山国隊補助金請願書を京都市へ提出するも不発に終わったようで、翌週の二十一日に今度

図29　維新勤王隊

は平安講社「新規編成隊」補助金につき市役所へ出張している。こうして山国隊に代わる新たな行列を加えることが既定路線となった。

いよいよ大正十（一九二一）年九月二十四日、『京都日出新聞』に大きな扱いで「維新勤王隊成る」という、次のような記事が掲載された。

「隣接町村の京都市に編入さるるあり。平安講社では先ず此の新氏子を以て山国隊に代るべき列外隊の組織を思い立ち大原、大森、大西の諸氏専ら肝煎となって交渉の歩を進めた結果、いよいよ下京区第三十四学区壬生から出る事となり名も維新勤王隊と改めて今年から出る事になった。」

ちょうどこの頃、人口増加に伴って京都市と近隣十五町村が大正七（一九一八）年に合併し、平安講社に新たな氏子が加わっていた。その結果、これまで時代祭で前列を担当していた新洞、錦林の二区を第七社として分離し、下京第三十四学区壬生（現朱雀学区）を第八社として山国隊に代わる新たな行列に充てることとなったのだ。

維新勤王隊の松原義明指導員によると、壬生学区に白羽の矢が立ったのは、当時の京都市長が壬生在住だった縁で、地元に直接依頼があったからだと言う。壬生は山国から筏で運んだ材木を市内に運び入れる西高瀬川が流れており、その関係で山国出身者が多く移住していた。そのため壬生在住の山国隊経験者から、指導を受けられたのではないか。筆者が山国出身者から聞いた話でも、山国隊士から維新勤王隊へ非公式の伝承があったそうだ。記事には、軍楽の継承に当たって京都女子音楽学校長で関西音楽協会の奥村静氏を招聘して稽古したとあるが、山国隊経験者との役割分担は不明である。仁井田邦夫『山国隊軍楽の謎と維新勤王隊軍楽に連なる音楽』（以下、『山国隊軍楽の謎と維新勤王隊軍楽に連なる音楽』）によれば、奥村静氏は昭和二（一九二七）年十月十一日付の時代祭理事勤王隊主任宛の手紙の中で、「依頼により勤王隊の作曲をしたのに、近年は山国隊を模糊した曲を行進に使用して勤王隊の名誉を下落せしめている（筆者要約）」と書いており、当時の複雑な事情が窺われる。

こうして大正十（一九二一）年からは、維新勤王隊が時代祭の先達役を務めて現在に至る。時代祭は京都再興を企図した市民の並々ならぬ熱意によって始められ、意気に感じた山国隊が参加したのだが、その頃になると京都市も地区再編を迫られるほど人口が増え、再興は成就した。こうした区切りに時代行列の先達役が山国隊から京都市民に引き継がれるというのは、なかなか象徴的な出来事に感じられる。

（六） 鼓笛軍楽の伝播

維新勤王隊が時代祭を継承した結果、幕末の軍楽隊が和洋折衷の行進曲で祭列を率いる姿は、やがて祭祀様式の一つとして市民に認知され、他の神社へと伝播していった。京都市内では元《もと》祇《ぎ》園《おん》梛《なぎ》神社、熊野神社、藤森神社、清明神社、西院春日神社の氏子らが山国隊の祭祀様式を見習い、それぞれの祭礼で奉仕を続けている。

① 元祇園梛神社・少年勤王隊

中京区壬生にある元祇園梛神社の少年勤王隊の結成は維新勤王隊の翌年、大正十一（一九二二）年からという。山国隊の時代祭参加辞退を受けて、当時壬生在住だった京都市長が地元に協力を依頼したため、壬生学区の住民、とりわけ多くの元祇

図 30　元祇園梛神社の少年勤王隊

園梛神社の氏子らが維新勤王隊に参加した。これがきっかけで、彼らの氏神の祭礼にも鼓笛隊を参加させるようになったのが嚆矢である。

特徴は、成立の経緯から維新勤王隊と共通の指導員も多く衣裳の貸し借りもするなど結び付きが非常に強いことである。参加子弟も維新勤王隊と重ならないよう小学三年生からに設定しており、中学進学と共に維新勤王隊へ加わる者もいるそうだ。少年勤王隊は、毎年五月第三日曜日に行われる神幸祭で奉仕している。

②　熊野神社・少年勤王隊

京都の熊野神社は左京区聖護院にあり、京都三熊野（熊野・新熊野・若王子社）の最古社でもある。「熊野神社少年勤王隊六十年史」（『京熊野』）によれば、少年勤王隊は京都市電東山線拡張工事に伴う本殿遷座を奉祝する、遷座奉告祭のために昭和三

図31　熊野神社の少年勤王隊

（一九二八）年に編成された。

楽曲の指導は初め「壬生隊（維新勤王隊）に礼を厚くして度々懇請」し、同隊の高木重三郎と中川武保から受けた。しかし翌年からは聖護院在住の元山国隊士水口幸太郎の実子、河原林樫一郎を通じて山国隊の川奈辺氏から軍楽指導を受けるようになった。河原林からは楽器・調度の寄贈も受け、隊員の陣笠には○に魁字の徽章を付けることを許された。

以来「山国隊の分身としての待遇」を受けることになったという。少年勤王隊は毎年四月二十九日の神幸祭で奉仕している。

③　藤森神社・鼓笛隊

藤森神社は伏見区深草にあり、境内の馬場で行われる駈馬神事でも名高い。藤森鼓笛隊創設の経緯は不明だが、恐らく昭和三十年代に住吉学区の

図 32　藤森神社の鼓笛隊

氏子連独自の奉仕として始められた。数年の中断を経て、遅くとも昭和五十年代には、鼓笛隊の所属は町内から神社に移管。その際、雅楽奏者でもある権禰宜が元祇園梛神社へ出張し見聞したものを伝えている。最盛期に人員は百名に達した。また過去に維新勤王隊経験者であった氏子も指導に参加していたという。鼓笛隊は毎年五月五日に行われる藤森祭で奉仕している。

④　晴明神社・晴明少年鼓笛隊

晴明神社は陰陽師安倍晴明を祀る神社で、上京区堀川一条にある。昭和三十五（一九六〇）年から祭列に音曲を加えることとなり、山口喜堂宮司の発案で晴明少年鼓笛隊が立ち上げられた。

軍楽の指導は、雅楽奏者でもある今宮神社の石孝彦禰宜に相談、同氏が維新勤王隊の演奏を採譜して独自に調練を行った。晴明少年鼓笛隊は、毎

図 33　晴明神社の晴明少年鼓笛隊

年秋分の日に催される例祭で奉仕している。

⑤　西院春日神社・西院春日神社勤皇隊

西院春日神社は右京区西院にある神社で、淳和天皇が奈良春日大社の分霊を祀り創建された。明治・大正期の宮司が、元祇園梛神社の宮司を兼務していたことが縁で、昭和三十八（一九六三）年に米川安国宮司が、氏子らの奉賛会に附属する形で勤皇隊を結成した。軍楽の指導は前出の石孝彦禰宜と、山国隊経験者、維新勤王隊より行われ、翌昭和三十九（一九六四）年の藤花祭で初奉仕した。隊員は、小学校低学年から鉄砲隊、高学年から鼓笛隊に属し軍楽を演奏する。高校生以上の上級者となると、隊長・副隊長として騎馬にて行軍する。また、年間の祭典にも参列し、清掃奉仕など様々に活動している。西院春日神社勤皇隊は毎年十月第二日曜日の春日祭で奉仕している。

図 34　西院春日神社の勤皇隊

ほかにも、山国隊の祭祀様式は京都に留まらず、大正十五（一九二六）年からは札幌神社（のちの北海道神宮）維新勤王隊が、昭和二十九（一九五四）年からは岡山市の宗忠《むねただ》神社の鼓笛隊が、それぞれ維新勤王隊から行進曲を伝承し、奉仕している。

平成六（一九九四）年、平安建都千二百年を記念して京都では様々なイベントが開催され、山国隊も京北町長の強い要請に応えて、多くの催しに参加した。中でも同年二月十八日は山国隊が東征から帰郷して百二十五年目に当たるため、その凱旋の様子を再現するという記念行事が行われた。山国隊は京都府庁から千本今出川間の約二キロの道のりを威風凛々演奏行進。往来はその勇姿をみようとした聴衆が雲霞のごとくであった。

なお、本家本元の山国隊は現在も「山国隊軍楽保存会」によって伝承され、山国護国神社での招魂祭、山国神社での例祭で奉祀を続けている。

第Ⅱ部　各　論

維新勤王隊（昭和３年以前の撮影）
大正末〜昭和初期の絵葉書
※行進する隊士が火縄銃を担いでいる姿に注意。

一　山国隊と鼓笛軍楽

（一）　幕末の鼓笛軍楽

山国隊が時代祭の先達役を務めるようになったのは、初回においては番外だったものの、鼓笛軍楽の演奏を伴って行列に参加したことがきっかけである。この鼓笛軍楽は、山国隊が東征中に雇い入れた鼓手や笛手を通じて修得したものであり、京都凱旋の行進に際しても演奏し、沿道でこれを迎える人々から喝さいを浴びた。因みに時代祭における山国隊の出で立ちは、「戊辰の役における総督凱旋の錦旗護衛」の姿を再現したものと言われる（平安講社第八社『われらの維新勤王隊』。以下、『われらの維新勤王隊』）。山国隊が演奏していたのは、幕末にオランダからもたらされた指揮信号や行進曲を日本風にアレンジした、和製洋式の鼓笛軍楽であった。

ここに言う軍楽とは、「軍事・戦闘にかかわる情報伝達、士気の鼓舞を目的として行われる楽」（平野健次編『日本音楽大事典』）と定義されるもので、日本への導入経緯については「徳川幕府の末期に於て諸藩が漸く軍事を泰西の兵術に倣ひ伝来の陣鐘や陣太鼓も新式の蘭式鼓笛隊に換へ、行軍調練に相応しい俗謡等を選び、軍容を整へ、士気を鼓舞しやうとした時代に、我が軍楽が胚胎した」（三浦俊三郎『本邦洋楽変遷史』）ものとされている。幕末の洋式軍楽は、鼓笛を用いるもの（オランダ式・イギリス式）と喇叭を用いるもの（イギリス式・フランス式）に大別されるが、これらは今日一般にイメージされるような軍楽隊による楽曲演奏というよりも、部隊を指揮するための信号や行進曲という性格を強く持つものであった。

幕末の日本に西洋兵学導入の端緒を開いたのは、長崎町年寄で出島貿易に関わりを持っていた高島秋帆である。秋帆は「カンバン貿易」を通じてオランダから兵学書や兵器を取り寄せると共に、商館長ステュルレル（Johan Wilhelm de Sturler）に依頼して砲術や調練法を学び、天保年間には「高島流」を名乗る一流派を立てた。この中の「西洋銃陣」は、前装滑腔銃段階のオランダ歩兵教練書に依拠したもので、燧石式《ひうちいししき》ゲベールを装備した戦列歩兵を密集隊次で運用することが訓練の基本となっていた。そのための指揮信号にオランダでは鼓笛楽を用いたが、日本では依然として「螺貝」を用いていた（有馬成甫『高島秋帆』）。

弘化年間に入ると、こうした西洋兵学の広まりと共に洋式軍楽の必要性も認識され始め、幕命を受けて長崎に赴いた金沢達物《たつふさ》という人物がオランダ人から「点鼓之法」を学び、鼓法の一流派を立てた（『山国隊軍楽の謎と維新勤王隊軍楽に連なる音楽』）。その具体的内容は明らかでないが、嘉永六（一八五三）年に筆写された「権変録《けんぺんろく》」と題する写本には、次のようなオランダ語の号令を交えた采幣振様《さいはいふりよう》や太鼓打様《うちよう》とならんで、貝次第之事《かいしだいのこと》が記されている。

マロス(Mars)・進め
ハルド(Halt)・止まれ
ゲズインデパス(Gezwinde pas)・速足
ホヲンバルライトテ(Voorbereiden)・準備

靖國神社遊就館所蔵の「銃隊式沿革図」の中には、采幣を振って足並調練をする様子を描くものがあり、佐賀藩においても安政五(一八五八)年の銃陣稽古に際して、貝と太鼓を用いた記録がある(秀島成忠『佐賀藩海軍史』)。安政年間以前の教練においては、こうした和洋折衷の指揮法が取られていたのであろう。

ペリー来航に伴う開国を経て、徳川幕府はオランダからの海軍伝習を長崎で実施し、併せてオランダ人教官から軍楽を習うことを計画した。そしてこの成果を継承・発展させる形で、のちの和製洋式の鼓笛軍楽が確立されていく。安政二〜四(一八五五〜五七)年にかけて実施された第一次伝習に際して、「太鼓打方の業前専務に修業致すべく候」ことを命じられた幕臣は、関口鉄之助・福田甚平・吉郇虎次の三名で(勝安房『海軍歴史』。以下、『海軍歴史』)、これに諸藩からの伝習生を加えた十二名ほどが、鼓手となるべき生徒となった。この時、鼓手のステータスをめぐる日本と西欧との認識の違いが、次のような笑えないエピソードを生んだ（水田信利『幕末における我海軍と和蘭』）。

日本の古い観念では、陣太鼓を叩くことは武将の技とされ、例へば山鹿流の陣太鼓などと称せられて、其の叩く型に一定の法式があり、兵学中の主要な位置を占めた技であつた。併し欧洲軍隊では、下士が鼓手である。此の欧洲の軍制に通じなかつた日本の生徒たちは欧洲軍隊でも矢張り武将の技と心得、和蘭の二等鼓手ヘラタイ（著者註。**R.J. Heftij**）は生徒から教育班中最高将校の礼を以て迎へられたと云ふことである。

続く安政四〜六（一八五七〜五九）年に実施された第二次伝習では、オランダ海軍の鼓手三名が「太鼓教授」を兼務し、その教育課程に「週十二時間」が充てられた。この時も軍楽伝習は盛況だったらしく、「日本人は太鼓を叩くことや、歩兵の調練には大そう熱心であって、これらの練習には重役連も加わった。この二科目の練習には、いつも沢山の参加者があって、その中には平常余り見受けたことのない者までが顔を出していた」との回想がある（カッテンディーケ『長崎海軍伝習所の日々』）。

長崎での伝習を終えた幕臣たちは、江戸に戻ると築地の講武所においてオランダ式鼓笛軍楽の指導に当たることとなった。このうち、第一次伝習に参加した関口鉄之助は、小石川西富坂町下の御鉄砲方田村四郎兵衛方に私塾を開き、鼓笛軍楽の教授を行った。関口の私塾には旗本や諸藩士の子弟が多数入門し、その数は三百名にも及んだと言われる（同好史談会『漫談明治初年』。以下、『漫談明治初年』）。

幕末の鼓笛軍楽で用いられた、能楽のものとよく似た鼓譜も、こうした流れの中で考案されたものと思われる。安政五（一八五八）年に刊行された安場《やすば》敬明《たかあき》訳『散兵定則』（桐園佐藤氏蔵版、一八五八年）には、後述する『歩操新式鼓譜』の原形とも言える十点の基本的鼓譜が収載されている。同書はオランダで刊行された ***Voorschrift op het tirailleren*** (Breda: Koninklijke Akademie voor de Zee- en Landmagt, 1857) ——散兵についての教則——を翻訳したものであり、原書では五線譜に表記されていた「挙動合図（Uitvoerings signalen)」の喇叭譜を、独自の鼓譜に置き換えている。因みに『散兵定則』中の「合図」と、原書付録の **Signalen bij het Tirailleren** を対校すると次のようになる。

第一　散蔓《さんまん》(Verspreiden)
第二　進軍(Avanceren)
第三　佇止《ていし》(Halt)
第四　発火(Vuren)
第五　発火休止(Ophouden met Vuren)
第六　退軍(Retirenen)
第七　斜右《ななめみぎ》(Schunis Regts)
第八　斜左《ななめひだり》(Schunis Links)
第九　集会(Verzamelen)

第十　趨歩《すうほ》(Versnelde gang)

文久年間に入ると「御曲輪《おんくるわ》内外屋敷において銃隊調練の節、金鼓貝三器とも相用い苦しからず」(吉野真保『嘉永明治年間録　下巻』。以下、『嘉永明治年間録　下巻』)として、鳴物入りの洋式調練を江戸市中で行うことが許可された。さらに文久三(一八六三)年の「御軍制改革」を経て新規に編制をみた歩兵組と撒兵《さんぺい》組には、「太鼓役取締・太鼓役・鼓手」(『陸軍歴史　下巻』)が配属されるようになり、幕府陸軍の中で鼓笛軍楽が公式のポジションに位置付けられることとなった。これら歩兵と撒兵は、元治元(一八六四)年に水戸天狗党を鎮圧するため北関東方面へ出動したが、太鼓による指揮信号に従って行動する様子が当時の人々にはよほど新奇に映ったのか、「真鍮胴の鼓以て掛引を成し……進退周旋規矩に合い、押し行く時は二列に列し、足並を揃へて行く如く」(織田鉄三郎『天狗党鹿島落ち』)などと記録されている。また同じ年の第一次長州征伐に際しては、出動する幕軍の諸隊に向けて「行軍貝太鼓の儀、銘々これまでの法則にては歩度不揃いに付、西洋銃隊の儀、御中軍はじめ序・破・急共に五ツ拍子太鼓打ち為し候様仰せ出され候間、その旨相心得」(石井良介『徳川禁令考　前集　第一』)るよう、通達が発せられている。

さて、江戸に私塾を開いていた関口鉄之助の門下から軍楽鼓譜の専著が刊行されたのは、慶応元(一八六五)年のことである。これは、犬飼清信編『歩操新式鼓譜』(松園蔵版、一八六五年)で、軍楽器(洋太鼓)や軍楽用の装具、指揮法の図解のほか、能楽に用いられる打楽器演奏の譜面とよく似た鼓譜が収載された、単行の和装本である。程なくして同書中の鼓譜だけが、本間寿助訳『歩操新式　大隊教練　下』（求実館、一八六五年）に付録として再録されたが、結果的にこの教本を通じて右の軍楽鼓譜が全国に広まっていったと考えられる。ここに言う『歩操新式』とは、オランダ陸軍の歩兵教練書 *Reglement op de exercitien en manoevres der infanterie* (Breda: Koninklijke Akademie voor de Zee- en Landmagt, 1861) ——歩兵の訓練と機動に関する教則——を翻訳したもので、生兵・小隊・大隊（上中下）の三編五冊が元治元（一八六四）年から慶応元（一八六五）年にかけて分冊出版されている。内容的には前装施条銃（ミニエー銃）段階の歩兵教練に関する教本で、元治元（一八六四）年に「三兵教練の基本をオランダ陸軍の一八六〇年前後の新式に統一する」（熊谷徹「幕府軍制改革の展開と挫折」）ことを計画していた幕府陸軍でも、同じ原書を用いた翻訳書『官版　歩兵練法』（陸軍所、一八六四〜六五年）の刊行に着手したが、こちらは完結に至らなかった。このためミニエー銃を使ったオランダ式教練の実施に当たっては、幕府・諸藩何れにおいても『歩操新式』が広く用いられることとなった。

関口鉄之助の私塾で鼓笛軍楽を学んだ者にとって、『歩操新式』の普及それ自体が、鼓笛手ないし軍楽師範として登用される機会の増加につながっていったであろうことは、想像に難くない。既に述べたように、関口の門下生は幕臣や諸藩士を併せて三百名にも及んだと言われており、オランダ式の鼓笛軍楽を各地に伝播するに当たって、大きな役割を果たしたものと思われる。

『歩操新式鼓譜』については、そもそもこれが翻訳書であるのかどうかさえ明らかでなく、その原書の存在自体も今のところ不明である。ただ、関口鉄之助が長崎でオランダ海軍から軍楽の伝習を受けたことを考えると、升本清氏が「幕末海軍鼓笛隊」（『蘭学資料研究会研究報告』第一八四号、蘭学資料研究会、一九六六年）という論文の中で提示された軍楽教本 ***Koninklijke Marine Voorlopig Voorschrift*** ——王国海軍の暫定教則——の収載曲を、そのプロトタイプと捉えることに妥当性があると思われる。『歩操新式鼓譜』の内容についてみると、オランダ海軍の「鼓笛用の行進曲と信号（Marsen en Signalen voor Trom en Fluit）」に収載された楽曲を、日本式の鼓譜に置き換えたものとして、次のようなものを挙げることが出来る。

ランゲロッフール（Lange roffel）
コルテロッフール（Kort roffel）
アッペル（Appel）
フルハーデリング（Vergadering）
ゲ子ラーレマルス（General mars）
タップツー（Taptoe）
アフタラップ（Aftrap）
速足（Gezwinde pas）
駈足（Versnelde gang）

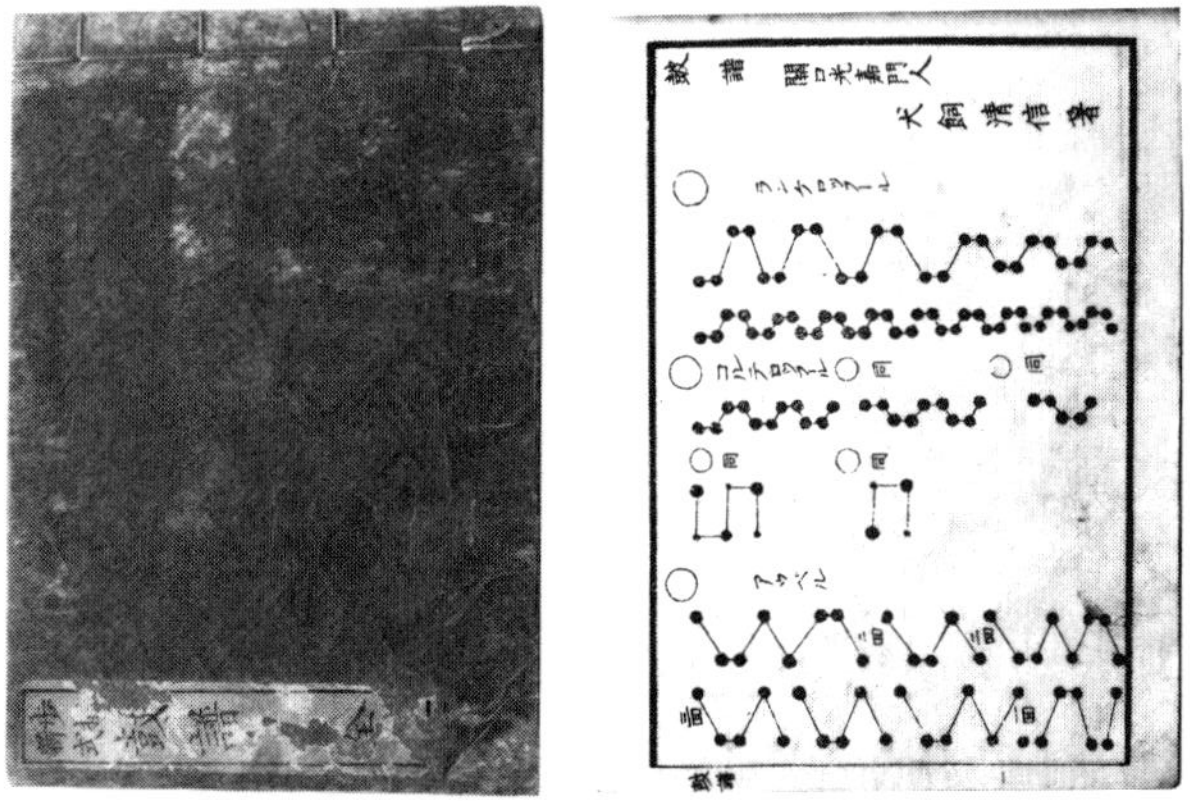

図 35　犬飼清信編『歩操新式鼓譜』
（松園蔵版、1865 年）

これらはごく基本的な指揮信号とも言うべきものであり、密集隊次にある歩兵を指揮するための鼓譜は、別に定められていたものと推定される。その一例として、慶応四（一八六八）年に成立した「銃陣太鼓譜附帳」と題する写本をみると、「八人円陣・右翼へ集合・左翼へ集合・右翼へ開ケ・左斜メ行進・右斜メ行進・右足メン行進・左足メン行進・右平メン・左平メン・四レッ作レ・六人円陣・二人円陣」といった、『歩操新式鼓譜』には収載されていない鼓譜が認められる。

また『歩操新式鼓譜』には、幕末当時「五マルス」と呼ばれていた、次のような行進曲の鼓譜も収められている。

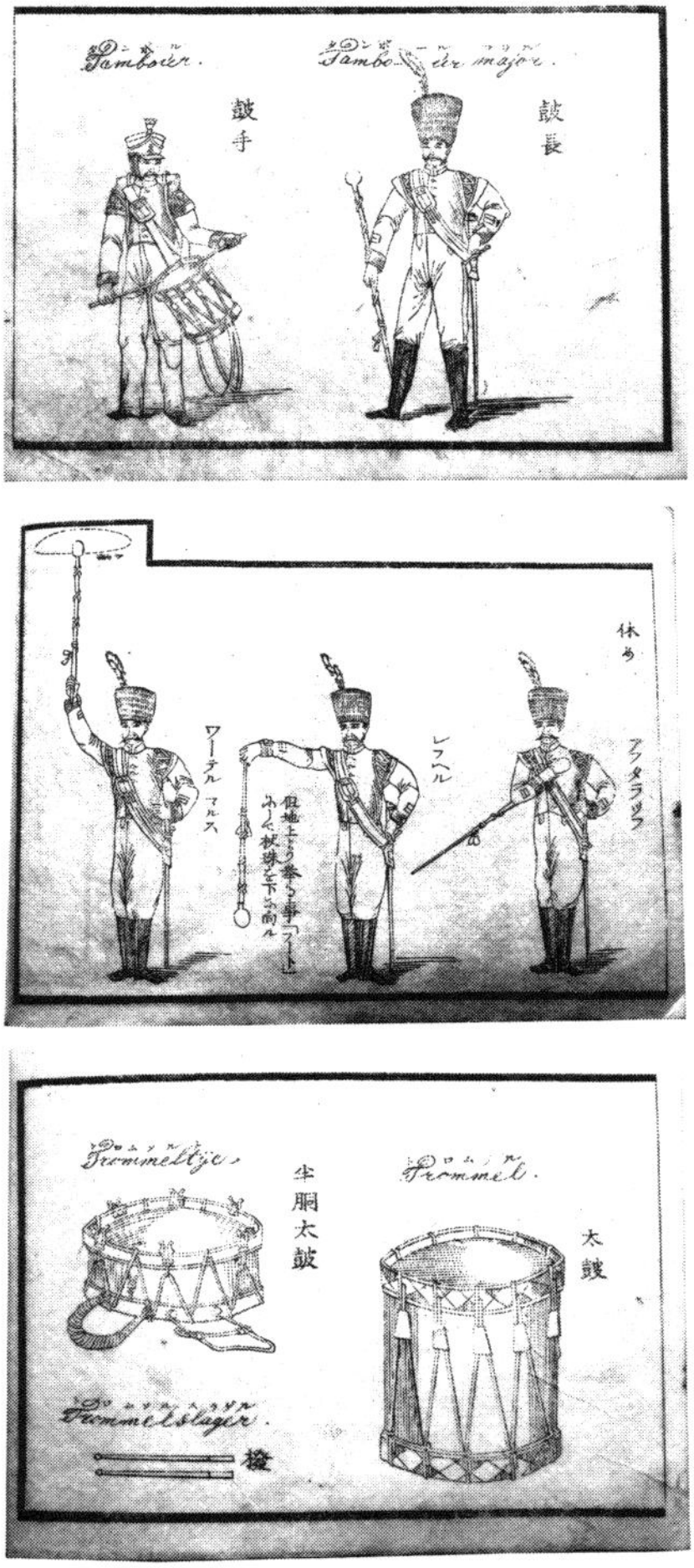

図36　指揮法・楽器の図解
犬飼編『歩操新式鼓譜』より。

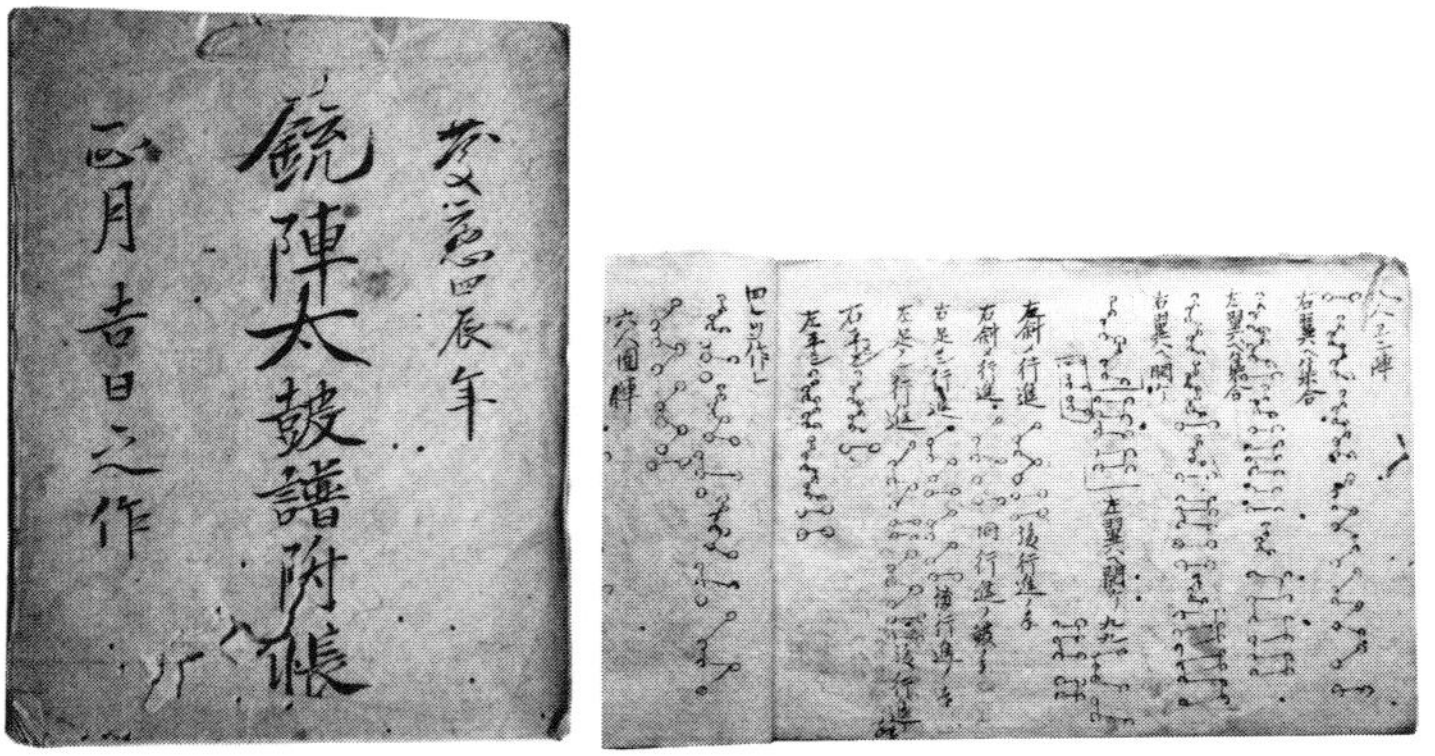

図 37　「銃陣太鼓譜附帳」の表紙(左)と鼓譜(右)

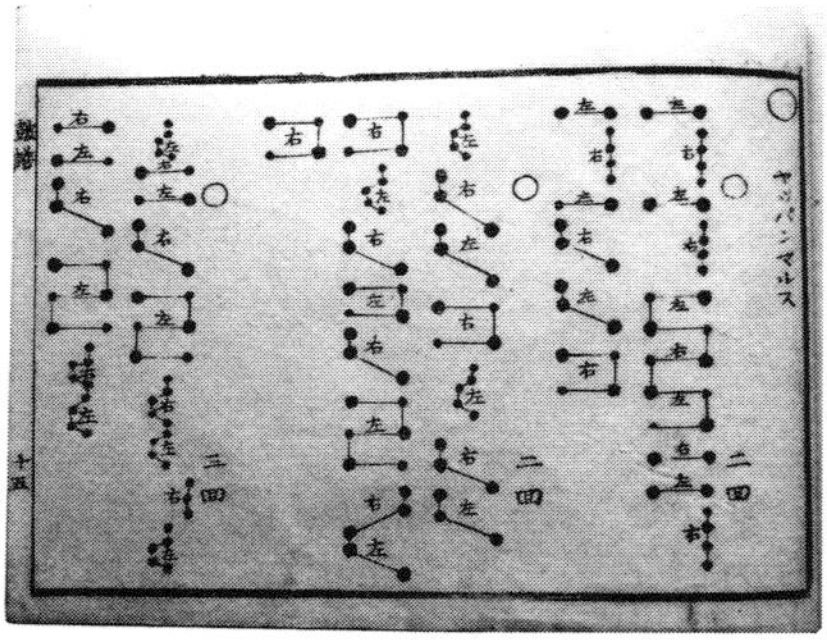

図 38　「ヤツパンマルス」の鼓譜
犬飼編『歩操新式鼓譜』より。

テイーンストマルス(Dienst mars)
フランスマルス(Franse mars)
レデートマルス(Redder mars)
コロニアーレマルス(Koloniaal mars)
ヤツパンマルス(Japan mars)

このうち「ヤッパンマルス」については、前田《まえだ》化六道人《かろくどうじん》の「調練の始まり」という回想に、「関口などが長崎で和蘭式から割出して、例の馬鹿囃子を加味したもの」とされ、「日本人の発明に係はる曲」であったことが記されている（『漫談明治初年』）。

ほかの行進曲は、オランダの鼓笛軍楽をトレースしたものと思われ、もともとは笛の吹奏を伴っていたものと考えられる。しかし日本においては、笛に関して吹奏法が口伝だったことによるためか、笛譜は残されていないようである。慶応年間の洋式調練（特に隊列行進）において盛んに鼓笛軍楽が用いられていたことは、当時の錦絵や在日外国人の描いた風刺画などによっても知ることが出来る。そうした中、幕府は慶応二（一八六六）年五月「練兵に横笛用い候儀、無用と致すべき」ことを下令したが、日ならずして「万石以上は横笛相用いるべし」と布達を改めている（『嘉永明治年間録　下巻』）。この時期、江戸市中における鼓笛演奏を伴っての隊列行進が、幕兵・諸藩兵を問わずいかに盛んであったかを物語るエピソードと言えよう。

そのほか『歩操新式鼓譜』には、本来喇叭で吹奏されるべき散兵用の指揮信号が、和流の鼓譜に置き換えられる形で二十五曲収載されている。それを示したのが表1である。

表1　「散兵之部」収載の鼓譜

散布	集合
進軍	円陣
静止	二伍円陣
点火	右翼後
放火止	左翼後
退軍	右翼前左翼後
斜メ右	左翼前右翼後
斜メ左	大隊ノ後へ集合
右へ＝向ク	寝
左へ＝向ク	起
右向キ廻レ	鼓手呼集ムル節用ユ
右翼前へ	旗持ヲ呼節用ユ
左翼前へ	

軍楽における指揮信号の役割という点からみると、鼓笛が主に密集隊次にある戦列兵を指揮するのに用いられたのに対し、喇叭は散兵が散開隊次にある時「須

用なる動作を指麾《しき》するに方《あたっ》て、其遠く隔りて令声の達する事能はざる寸のみ、之を用ゆ」（島村鼎『撤兵演式』）とされていた。洋式兵学に携わる者の間では、当時既に「撤兵にはすべて喇叭を以て号信となす」（『砲術訳語字類』）ことが知られていたが、実地に行われている教練の現場では「歩兵の散開は未だ幼稚の域を脱せず、専ら密集隊次を以てする戦闘法を用ひ」（『陸軍教育史　明治本記　第一巻稿』）ている状況であり、吹奏法がまだ日本で確立されていない喇叭を、強いて導入することの必然性は高く無かった。オランダ式の教練において、散兵の指揮に喇叭を使用せず、「我邦今太鼓を以て為す」（『砲術訳語字類』）ことになった背景には、こうした現実的な事情があった。なお散兵用の鼓譜にも『歩操新式鼓譜』に収載されていない楽曲があり、慶応年間に成立した「教練号令記」と題する写本には、表2に示すような三十六曲から成る「撤兵太鼓譜」が収められている。

表2　「撤兵太鼓譜」収載の鼓譜

○人ヨセ	○後エ下レ
前エ進メ	組々右エ進メ
○左右エ開ケ	組々左エ進メ
駈足進メ	○右翼前エ
斜右	○左翼前エ
斜左	○右翼前エ左翼後トエ
○止レ	○左翼前エ右翼後トエ
○右へ向ケ	○大隊ノ後トエ集合
○左へ向ケ	右翼後トエ
○右向廻レ	左翼後トエ
○打掛レ	右翼エ開ケ
○打方止メ	左翼エ開ケ
故エ	右翼エ集合
休メ	左翼エ集合
右側面	中央エ集合
左面進メ	○潜伏
○円陣作レ	○起
○組合方陣	練足

○印は『歩操新式鼓譜』の収載曲と同一のもの。

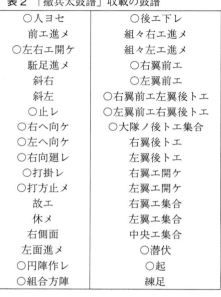

オランダ式の教練を通じて定着した鼓笛軍楽は、慶応年間に入って新たに招来された、イギリス式の教練においても用いられた。この時期のイギリス式教練も、ミニエー銃を使用した前装施条銃段階のものであった。

基本戦法についてもオランダ式と同様、横隊の火力と縦隊の衝撃力を構成するための密集隊次と、散兵の機動力とを複合させたオーダー・ミックスを採用しており、戦列兵には鼓笛・散兵には喇叭という指揮信号の区分がなされていた。イギリス式教練においては、散兵の指揮信号に喇叭吹奏が導入されたという点で、オランダ式と一線を画したが、鼓笛に関してはそれまでと同様の和流の鼓譜が用いられた。因みに、イギリス式に基づいて藩兵の練成を行っていた諸藩の部隊編制をみると、薩州藩では戦兵八十名から成る小銃隊一隊につき「小太鼓役一

図 39　鼓笛による行進
一鵬斎芳藤『調練歩行の図』(1867 年)より。

人・喇叭役一人・笛手役一人」（大山元帥伝刊行会編『元帥公爵大山巌』）、久保田藩では歩兵一大隊につき「楽隊長一人・大太鼓手弐人・小太鼓手拾人・笛手一人・喇叭手拾人」（秋田県編『秋田県史　資料　明治編　上』）、山形藩では歩兵一大隊につき「鼓手伍長一人・喇叭八人・鼓手八人」（「山形県史料　六　制度之部　兵制附録　元山形藩兵制」）という形で、鼓笛手と喇叭手の両方が配置されていた様子が分かる。

　イギリス式の鼓笛軍楽については、高槻肇編『英国歩操図解』（高槻肇蔵版、一八六六年）の中に収載された鼓譜によって、その概略を窺い知ることが出来る。ここに示された鼓譜は、小太鼓によって演奏される「人寄・打方停止・休憩」と、大太鼓・小太鼓・横笛によって演奏される「礼式・遅足・早足」の計六曲から成る。これらも、もともとは五線譜に表記されていたイギリスの楽曲を、能の打楽器演奏に用いられるのとよく似た和流の鼓譜に置き換えたものと思われ、オランダ式の鼓笛軍楽から影響を受けた様子が窺われる。なお『英国歩操図解』には笛譜が収載されており、その点が口伝で笛の楽曲を教習して来たオランダ式との違いと言えるかもしれない。

　イギリス式の教練が幕末の日本に導入されるきっかけとなったの

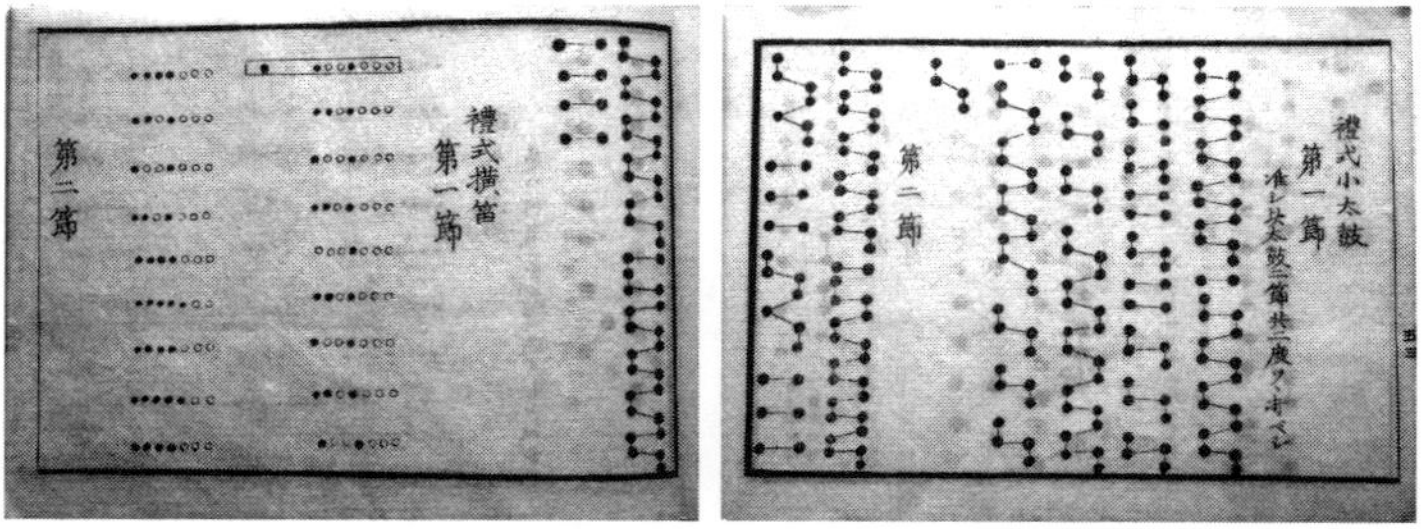

図 40　イギリス式の鼓笛譜
高槻肇編『英国歩操図解』（高槻肇蔵版、1866 年）より。

は、横浜におけるイギリス駐屯軍からの神奈川奉行所配下の士卒に対する伝習である。これは、幕府がイギリス駐日公使へ陸軍伝習を公式依頼したことにより実現したもので、神奈川奉行の管下にあった定番役七百名と下番千三百名が伝習を受けた。これにより「英式歩兵一大隊・砲兵一小隊・楽師」（太田久好『横浜沿革誌』）が慶応元（一八六五）年十月に編制され、江戸城の警備も担当したと言われる。楽師については、当時刊行された『*The Illustrated London News*』一八六七年一月十二日号の銅版刷挿画（Defense of a Pass by Japanese Troops）をみると、鼓手と喇叭手の両方が描かれており、これらの養成が同時に行われていたことを窺わせる。

横浜駐屯軍からの英式伝習に際して使

図 41　横浜の英式伝習における楽師
『*The Illustrated London News*』（1867 年 1 月 12 日号）より。

用された教本は、***Field Exercise and Evolutions of Infantry*** (London: The Superintendence of Her Majesty's Stationery Office, 1862) ――歩兵の野外訓練と機動――を原書とする、赤松小三郎・浅津富之助共訳『英国歩兵練法』（下曽根稽古場蔵版、一八六五年）であった。同書の「第五編　軽歩兵」には、五線譜で表記された十五曲の喇叭譜が収載されており、喇叭を担当する楽師はこれに基づいて指揮信号の吹奏法を修得していったものと思われる。

かくて幕末の鼓笛軍楽は、オランダ式とイギリス式の二系統が並立する形となったが、何れも鼓譜を一瞥して分かるように、伝統的な能の打楽器演奏の要素を多分に含むものであった。このことは、薩州藩における兵制改革に際して「能方人数を以て陸軍方楽隊を編成」（鹿児島県『鹿児島県史　第三巻』）したという事例にも、端的に示されている。しかしこうした和製洋式の鼓笛軍楽は、明治維新後の近代軍隊建設という文脈の中で急速に淘汰されることになる。そのきっかけとなったのは、明治三（一八七〇）年に発せられた「兵式統

図 42　イギリス式の喇叭譜
赤松小三郎・浅津富之助共訳『英国歩兵練法』第五編（下曽根稽古場蔵版、1865 年）より。

図 43　イギリス式の喇叭

一」の布告であった。すなわち兵式を統一するに当たって、主兵となる歩兵教練の準縄とされたのは、指揮信号に喇叭だけを用いるフランス式の軽歩兵教練であり、それまで盛行していたオランダ式・イギリス式の鼓笛軍楽は、これを機に廃止されていくのである。

(二)　山国隊の鼓笛軍楽

東征に参加した山国隊が、隊専属の鼓手を持つようになったのは、江戸に着陣して以降のことである。山国隊が、因州藩から北野椿寺前の大将軍練兵場において「始めて調練を習」ったのは慶応四(一八六八)年一月二十九日のことだが、二月八日には早くも出陣命令を受けているので、その期間は実質十日ほどに過ぎなかった(『東征日誌』)。この時山国隊は、未教練兵に対する初歩的な生兵教練(後世の各個教練)を受けていたはずであり、その段階ではまだ、太鼓による指揮信号を用いた隊列動作の教習にまでは及ばなかったと思われる。このため二月十三日に京都を発った山国隊には、まだ鼓手はいなかった。三月十九日に江戸に到着した山国隊は市ヶ谷の尾州藩邸に入り、三日後の二十一日には同藩邸で因州藩士足羽篤之助から改めてフランス式の教練を受けた。教練がどのような内容だったのかは詳らかでないが、既に征途に就いて一ヶ月余、この間に実戦も経験していた山国隊士たちは、臨監していた因州藩士から「頗る賞声これ有り」とされるほど上手にそれをこなした。この頃から山国隊では、隊士たちの教練が小隊規模の隊列動作へと進むこととなり、それに伴って指揮信号を担当す

図 44　少年鼓手の図
一川芳員『洋式調練図解』(大金、1866 年)より。

る鼓手の雇い入れが必要になった。

山国隊の鼓手として浦鬼柳三郎という人物が入局したのは、三月二十四日のことである。浦鬼の出自についてははっきりしないが、おそらく前記した関口鉄之助などの門下で軍楽にまつわる鼓法を修得し、江戸で召抱え先を探していた士の一人だったのではなかろうか。この日、取締役であった藤野斎は「調練太鼓を入れ、大に体裁宜敷、一同得意励精す」と日誌に記している。さらに藤野の日誌には、鼓手となった浦鬼が指揮信号を担当した様子について、「今暁より鼓士アンヘラを打、飯前調練を為す」との記述もみえる。ここに言う「アンヘラ」とは、招集・点呼を指示する「アッペル(Appel)」と考えられ、この時山国隊に導入されたのはオランダ式の軍太鼓であったことが知られる。

慶応四(一八六八)年四月十八日、宇都宮方面で

苦戦する新政府軍支援のために山国隊が出陣すると、鼓手である浦鬼柳三郎も隊の一員として従軍し、実戦に参加することになった。この野州出陣において、山国隊は壬生城の攻防をめぐる戦いで三名の戦死者を出しながらも敢闘し、因州藩から「軍忠当手抜群」との賞詞を受けた。因みに鼓手の浦鬼については、因州藩から閏四月八日付で、「三人扶持」待遇で山国隊附の鼓手を申付けられている（『東征日誌』）。これにより、それまで山国隊の私費雇いであったものが、藩の召抱えという扱いに変わったのであろう。続く閏四月二十五日、野州に出陣していた新政府軍が江戸に凱旋することとなり、入城行進に当たって山国隊は、因州藩から「錦旗御警衛」という名誉ある役回りを与えられた。その際、軍事局から発せられた行列に関する通達をみると、錦旗警護の部分は「鼓士 同　御旗　山国隊」という編成になっており、山国隊では浦鬼のほかに鼓手をもう一人雇って欠員を補う必要が生じた。そこで当日、板橋において有馬隊（吹上藩）の鼓士であった幾田啓太郎を金二分で雇い入れ、行列の体裁を繕うこととなった。因みに幾田の名が藤野の日誌に登場するのはこの時だけなので、一日限りの臨時鼓手だった可能性が高い。

　江戸に戻って大名小路の因州藩中屋敷に入った山国隊は、野州出陣で死傷者八名という予想外の損害を出したため、閏四月二十九日に隊伍の組み換えを行っている。しかしこの時の編制をみると、鼓手として在隊しているはずの浦鬼柳三郎の名がみあたらない。浦鬼は野州出陣中に安塚の戦いで負傷していたため、「手負並びに当病者共四人」の中に含められたのか、あるいはその負傷がもとで山国隊を辞したのか、詳しいことは分からない。ともあれ、この時期の山国隊には専属の鼓手がいなくなっており、上野における彰義隊との戦いや、小田原への出兵、それに続く有志九名による奥羽出兵に当たって、鼓手を随行させた記録もみられない。ただし隊士水口幸太郎の子息、河原林楻一郎が著した「山国隊の実戦記」の中に、「当時は、すでに彰義隊にも、楽隊があつたやうで、上野の戦争で、山国隊はその楽隊の子供を生け捕りにしたが、まことに奏曲が上手だつたので、その少年から随分習ひ得たところがあつたやうである」（佐藤義亮編『日本精神講座　第二巻』）との記述があることは興味を引く。これが事実だとすれば、山国隊士のうちの何人かが軍太鼓の鼓法を元彰義隊の鼓手だった少年から修得し、教練や従軍時に必要な太鼓による指揮信号を、持ち回りのような格好で担当していた可能性が考えられる。

山国隊が改めて鼓手の雇入れを行うのは、奥羽平定に参加していた隊士たち全員が無事江戸に戻った直後の、明治元（一八六八）年九月二十六日である。この時山国隊に入局したのは太田万次郎という鼓笛手で、それから数日を経た十月五日の夜には、隊中において「吹笛・太鼓の稽古」が開始されることとなった。さらに十月七日には島山嘉司馬《しまやまかづま》という吹笛手《すいてきしゅ》が、隊士たちの吹笛稽古を指導するために招かれ、続く十月九日には、御家人の三男で丹羽春三郎と称する十二歳の少年が、鼓手として召し抱えられた。現在も山国には「旗本から軍楽を習った」との伝承が残されており、御家人出身の丹羽を始めとして、この時期に山国隊が雇入れた鼓笛手たちの出自は、旧幕臣であった可能性が高い。当時の東京には、江戸開城に伴う幕府陸軍の解隊によって失職した鼓笛手が少なからずおり、彼らにとって西洋式の軍楽を必要としていた東征軍の諸部隊が、格好の再就職先となったであろうことは想像に難くない。ともあれ、鼓笛軍楽に携わる専属のメンバーを得たことにより、江戸滞陣中の山国隊では隊士たちに「調練・吹笛・太鼓等一層大奮発稽古」させ、京都への凱旋に備えることとなった(『東征日誌』)。隊士たちが稽古に励んだのは、京都に向けて東京を発つまでの一ヶ月ほどで、その間に横笛と太鼓による行進曲の演奏を学んだものと思われる。

明治元(一八六八)年十一月五日、因州若桜《わかさ》藩の今井隊と共に「御総督宮凱旋御警衛」の行列に加えられた山国隊は、東京を出発した。その際、「一生の棲息御隊中にて然るべき様願い上げ候」(『東征日誌』)という丹羽春三郎の希望を容れて、同人を山国まで連れて行くことになった。発陣した山国隊は、十一月十二日に御使番から「楽隊相止め候条」の通達があるまで、鼓笛による行進曲を随意に演奏していたようである。この通達があってから、行列に随行する各隊は順番を取り決めて、交代で演奏を担当するようになった。因みに凱旋行列の中での山国隊の任務は、あくまで戦兵として「錦旗を警衛」することであり、鼓笛軍楽の演奏は余技と言うべきものだった。東征大総督宮の一行が京都への凱旋を果たしたのは、十一月二十五日のことである。山国隊は京都市中の行進を経て御苑内に入り、総督宮からの慰労と酒肴を賜った。続いて因州藩上屋敷に赴いた山国隊士たちは、藩主池田慶徳に拝謁し、その御前で軍楽を演奏した。この時彼らが演奏したのは、発陣を控えて東京で稽古した、鼓笛による行進曲だったと思われる。余談になるが、筆者らが所属している軍事史学会では以前に京都で研修を行った際、平安神宮において維新勤王隊の方々に「戊宸行進曲」を演奏して頂いたことがある。これはもちろん時代祭で演奏されている行進曲だが、行進を伴わない鼓笛楽として聴いても十分観賞に値するものであった。凱旋直後の山国隊を藩邸に迎えた因州藩の藩主も、新奇の面持ちで彼らの演奏する鼓笛軍楽に耳を傾けたことであろう。

藤野斎に率いられて東征から帰還した隊士たちは、入洛すると早速、水口市之進指揮下の在京メンバーと合流し、二組に分かれて活動していた山国隊が再び統合されることとなった。水口市之進の子息である水口孝二が著した「山国勤王隊と軍楽の由来」をみると、「凱旋の時、楽器一切を村より送附した」ことや、「当時軍楽は四曲なりしも、凱旋の後に、水口市之進此れが作曲に余念なく二曲を増して六曲とした」こと、新たに「礼式を曲し」たことなどが記されていて興味深い（『音楽世界』一九三七年六月号）。この時に村の方で全ての楽器を整えたということは、それまで山国隊が使用していたのは因州藩から貸与されたものだったということであろうか。また四曲を六曲にしたという件について、音楽史の観点からは、一つの行進曲を四節から六節にしたものであると説明されている（奥中康人『幕末鼓笛隊』）。山国隊が郷里に凱旋するのは明治二（一八六九）年二月のことであり、隊士たちはそれまでの二ヶ月余を京都の因州藩新屋敷で過ごしている。軍楽器の調達や行進曲の増補は、おそらくこの期間になされたのであろう。同時に東征組と在京組の隊士たちは、共同して鼓笛軍楽の稽古に勤《いそ》しんだものと思われる。二月十八日の京都発陣に当たって、山国隊は行軍列の先頭に鼓笛軍楽を担当する次のようなメンバーを配置し、「楽隊を以て進発」することとなった（『東征日誌』）。

大太鼓　○辻繁次郎

太鼓　○丹羽春三郎、●米田広吉、●高室丑之助
笛　○久保秀次郎、●鳥居梅吉
※○は東征に参加した隊士、●は在京の隊士

山国隊がこの時に演奏した行進曲は、明治二十八〜大正六（一八九五〜一九一七）年の時代祭に参加した期間を経て、今日まで伝えられている。曲の構成についてみると、前出「山国勤王隊と軍楽の由来」に記されているように六曲（六節）だが、その内容に関しては、時代祭への参加に当たって「鼓笛の楽隊は維新当時の参加の残存者もあったが、猶不十分であったので、水口謙太郎が京都へ出張して、種々研究したり、見聞して恥ずかしくないものを組立てて之を楽員諸氏に伝授した」（水口民次郎『丹波山国隊史』）と言われており、維新当時のものから幾分変化しているようである。因みにこの行進曲の譜面は、能の鼓法に似た太鼓の鼓譜と、横笛のメロディーを文字表記した唱譜を組み合わせた、図45のような鼓笛譜であった（『山国隊軍楽の謎と維新勤王隊軍楽に連なる音楽』）。

このうち鼓法については、図45のような譜面のほかに「ホロロン」とか「エンテイ」など、太鼓の打ち方を示す唱譜もある。昭和六十二（一九八七）年二月二十八日に放映されたＴＢＳ製作のテレビ番組「地球浪漫　農兵と維新マーチの謎」では、かつて時代祭に山国隊が参加していた時、その一員として鼓笛を担当した経験を持つ水口庫三氏（当時九十四歳）が、太鼓の唱譜を諳《そら》んじる様子を映像化している。こうした太鼓の教習法に関しては、前出の回想記「調練の始まり」に「ロップルとて二つ叩

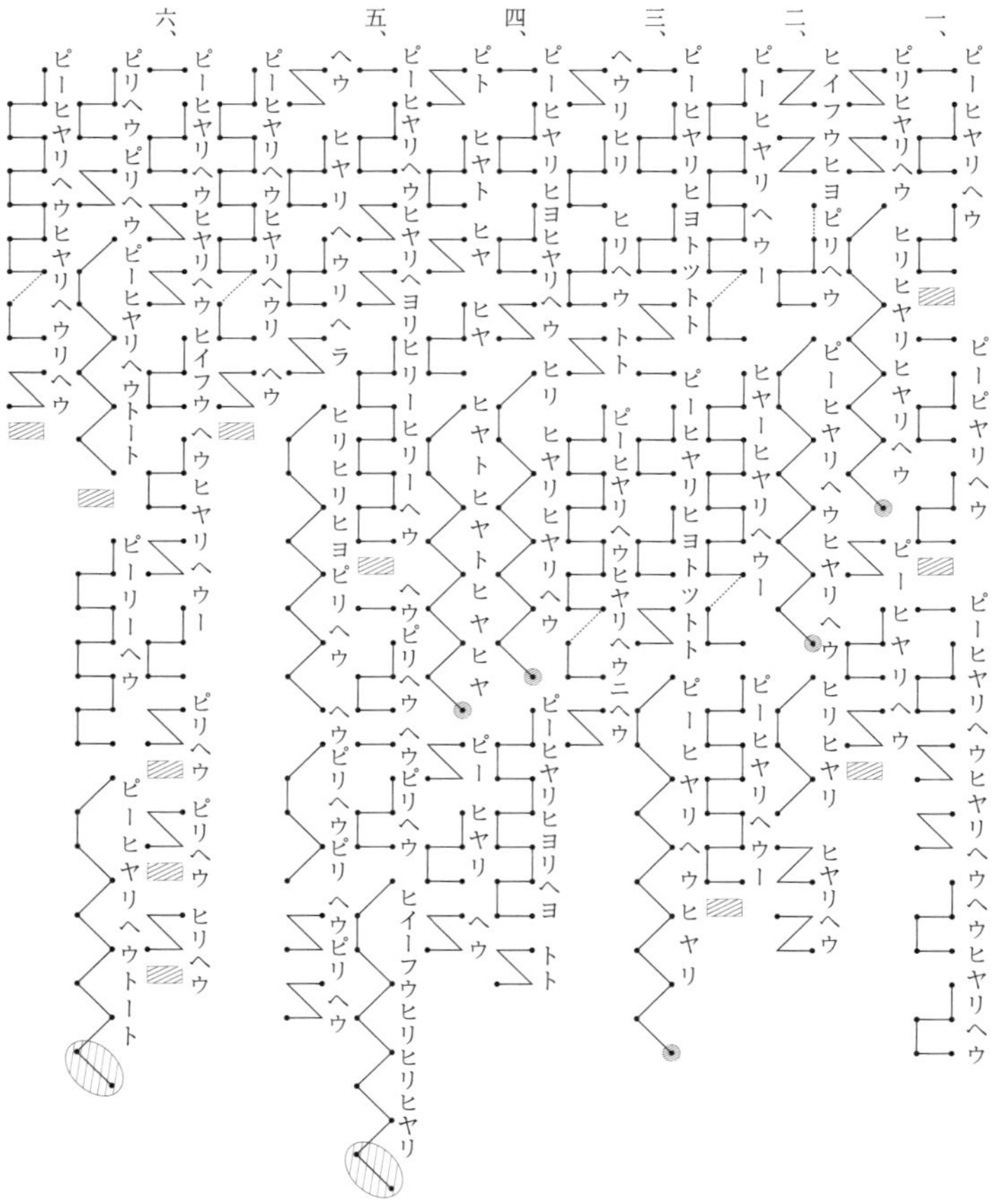

図 45　山国隊「楽隊行進楽譜」

仁井田邦夫『山国隊軍楽の謎と維新勤王隊軍楽に連なる音楽』(自家版、1986 年)収載の手書楽譜をもとに作成。

を教へる。次に五つ叩。ホロ、ム、次は九つ叩。ホロ、ンロン。次にエン、テイ。そしてだん〱と重複したものにする」（『漫談明治初年』）とあり、幕末期の手法をそのまま伝承したものであることが分かる。なお、ここに太鼓の「うち方」として示されている「エン、テイ」とは、撥を「右から落として左へトン、左から落として右へトン」と打つ技法（前記のテレビ番組で河原林敏雄氏が実演）として伝えられているが、もともとはオランダ語の een=1 と twee=2 を意味するものであった。また笛譜についてみると、出羽上山《かみのやま》藩の鼓笛隊に触れた「上山藩戊辰の役始末録」の中にも、「所謂『ピーヒヤレ、ヒヤー』の譜なり」（上山市史編さん委員会『幕末・明治維新資料　資料編　第二十二集』）といった表現があり、また幕末の松江藩では子供たちが押出しの真似をする際に、笛の唱譜を「平太の弟、平太が弟、平太が弟の其の弟」（長坂金雄編『日本風俗史講座　第七巻』）という勝手な文句にして遊んだ話が伝えられている。こうした点からみて、笛の唱譜も幕末期に考案され、当時広汎に使われていた手法を継承したものであったことが知られる。

　軍楽器については大太鼓・小太鼓・笛の三種類で構成されるが、維新当時から使用されているものとして、現在の山国には小太鼓が伝世している。これは幕末期に「半胴太鼓（Trommeltje）」と呼ばれていた、「響革（Trom snaar）」を張った洋式太鼓であり、現存するのは直径三七・五センチメートル、

図 46　現存する真鍮胴の小太鼓
（山国隊軍楽保存会所蔵）
「螺鑲」に「オランダねじ」
と称する金具が使われている。

高さ一六・五センチメートルの、「真鍮胴」のものである。特徴的なのは、太鼓の側面に取り付けられた「螺鑲(Schroef beuger)」の形状で、山国ではこれを「オランダねじ」と呼んでいる。また「縁輪(Tromreep)」には青い塗料の痕跡が残っており、外形・法量・塗装からみて、オランダ海軍が一八五六年に制式採用していたものとの一致性が高い。使用する際には、茶革製の「脊負革(Slagband)」に「鉤(Tromhaak)」で小太鼓を吊り、右肩から左腰前に提げる。「撥(Trommelslager)」は、幕末にオランダから輸入されたものとほぼ同じサイズで、現代のものと比べるとかなり太い。

さらに山国では、明治二(一八六九)年二月二十五日に薬師山へ招魂場を設けて慰霊祭を行うのに合わせ、新たに鼓笛楽の「礼式」を作曲している。これを作ったのは水口市之進だが、前出の『英国歩操図解』には、オランダ式に無かった「礼式」の鼓笛譜が収載されており、作曲に当たってイギリス式の鼓笛軍楽が参照された可能性もある。戊辰戦争期の因州藩の兵式は、オランダ・イギリス・フランス式の各隊が混在している状態であったことから、京都に駐留していた水口がイギリス式の藩兵と何らかのかかわりを持ち、その軍楽に接する機会を得たとしても不思議ではない。

図47　幕末の横笛

西欧では鼓笛軍楽に木製の横笛が用いられたが、幕末の日本では在来の篠笛を使用した。

結びに代えて

山国隊が鼓笛軍楽を演奏しながら時代祭の先達役を務めたことで、その楽曲は明治維新における「官軍」の行進曲として、広く世間に認識されるようになっていった。しかし山国隊関係者が残した史料の中には、東征時に「官軍」側から軍楽の伝授を受けたことを示すものは認められない。むしろ山国隊には、旧幕府の関係者を鼓笛手として雇い入れ、隊士たちが彼らから鼓笛楽を学んで行進曲を演奏したという経緯がある。そもそも戊辰戦争における「官軍」は、薩長雄藩のイニシアチブの下に諸藩兵を動員して構成された一種の混成軍であり、その中には各藩・各隊で任意に採用していたオランダ・イギリス・フランスの兵式が雑然と同居していた。このため軍楽についても、それぞれの兵式に即したものが用いられており、山国隊では雇い入れた鼓笛手の関係から、オランダ式の軍楽を取り入れる結果になったものと考えられる。その意味で、〝山国隊の演奏する鼓笛軍楽＝「官軍」の行進曲〟と直截的に捉えることは、史実に照らして正確とは言えない。

最後に、右の鼓笛軍楽とは別に山国隊の隊士たちが東征時に歌ったとされる隊歌について触れておきたい。これは、山国隊の野州出陣に際して作られたものと思われ、藤野斎が慶応四（一八六八）年四月二十三日に記した日誌には、「（威風凛々山国隊ノ軍ノ仕様ヲ知ナヒ乎）と数声、一隊中之を歌ふ」とあって、今日「山国隊歌」として伝わっている。その歌詞は次のようなものだが、一見して「都風流トコトンヤレ節」の替歌であることが分かる。

（1）　宮さん宮さんお馬の前に
きらきら光るは何じゃいなトコトンヤレトンヤレナ
あれは朝敵征伐せよとの錦の御旗じゃ知らないか　トコトンヤレナ……
（2）　威風凛々山国隊の戦の仕方を知らないか　トコトンヤレナ……
（3）　雨と降り来る矢玉の中を先駈するのじゃないかいな　トコトンヤレナ……

（『丹波山国隊史』）

元になった「都風流トコトンヤレ節」は、東征大総督に就任した有栖川宮が京都を進発する慶応四（一八六八）年二月頃から一斉に歌われるようになったものと言われ（大村益次郎先生伝記刊行会『大村益次郎』。以下、『大村益次郎』）、歌詞を入れた刷物も頒布されて、東征に従軍する士卒ばかりでなく一般民衆にも広められていった。そのため、戊辰戦争の懐古談で「奥勢（奥羽越列藩同盟の軍勢）が引くと、官軍はトコトンヤレ節で入つて来た」（佐久間留男『戊辰白河口戦記』）とあるように、この曲は〝御維新＝官軍〟を象徴するイメージが強い。また各藩・各隊では、それぞれの名称などを入れた替歌が盛んに作られていたらしく、山国隊でも当初この替歌を「威風凛々」と呼んで、主に陣中の酒宴の席で歌っていた。同時に東征軍では、凱旋の折に「都風流トコトンヤレ節」を合唱行進する風潮があったようで、井上蘭崖の「錦旗守衛と福岡藩」には「頗る不整頓なる隊伍を組み、意気揚々として時の俚謡『宮さん、宮さん、御馬の前に……』を高唱し、闊歩して一応福岡城内に凱旋せり」（『筑紫史談』第六七号、一九三六年）との回想が記されている。因みに山国隊では、慶応四（一八六八）年六月八日に小田原から江戸へ凱旋した際、「行軍中始めてトコトンヤレ節の軍歌を合唱した」（『丹波山国隊史』）と言われる。このような合唱行進は、当時においても正式な軍楽と位置付けられていたわけではなく、臨機に祝捷の意味合いをもって実施されたものと思われる。

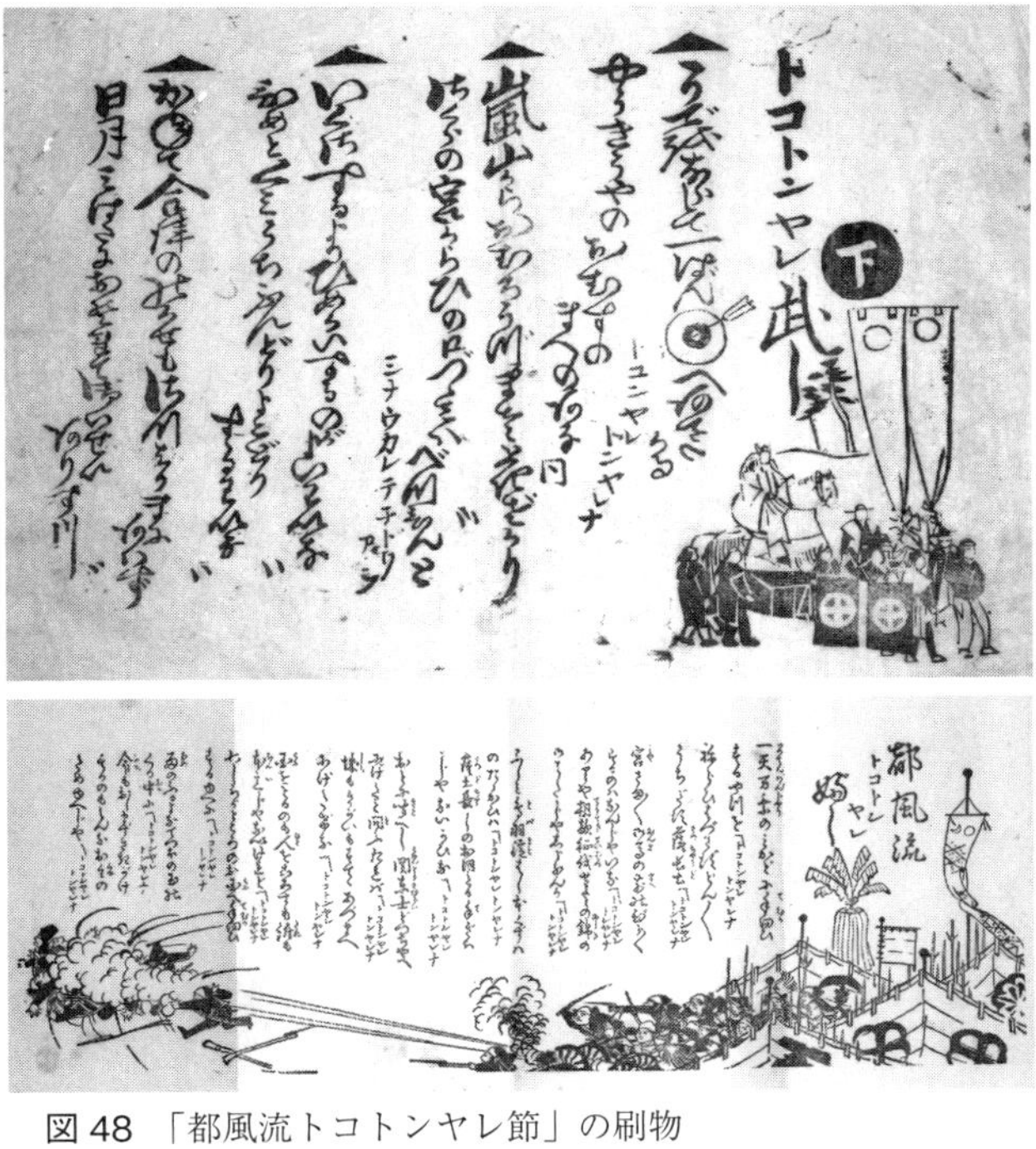

図 48　「都風流トコトンヤレ節」の刷物

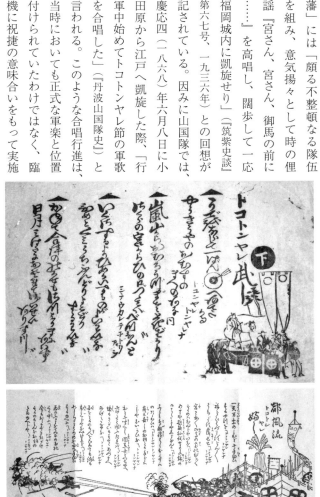

二　山国隊の東征装束

(一)　陣中装束の変遷

そもそも山国隊は、慶応四(一八六八)年一月四日に山陰道鎮撫総督西園寺公望が丹波の村々に宛てて発した、「勤王有志の輩は、各武具得物相携へ、速に官軍に馳せ加わるべきこと」という檄文に呼応する形で結成された草莽隊である。この時、京都に出て山国の皇室御料への統一を訴えていた名主水口市之進らは、因州藩士榎並祐之丞・若代四郎左衛門を伴って帰郷し、一月十一日に義勇隊を立ち上げた。義勇隊は、西園寺の傘下に加わる「西軍」と、仁和寺宮の傘下に加わる「東軍」に分かれて郷里を出発したが、のちに「山国隊」となったのはこのうちの西軍である。隊士たちの扮装は、「陣羽織に義経袴に陣笠を穿て、いかめしき行粧にて、手槍などを携へ」るというもので、隊の合印として「丸に二引き」の旗を持った。因みにこの合印は、山国神社が足利義満から奉納を受けた紋章である。

入洛した西軍は、岩倉具視から「山国隊」の名称を賜り、因州藩に加わって働くよう命ぜられた（『京北町誌』）。因州藩の指揮下に入った山国隊は、同藩から一日玄米一升宛を支給され、油小路中立売の新屋敷に駐屯することとなった。さらに一月二十九日からは因州藩士の指導の下、北野椿寺前の大将軍調練場において洋式調練を開始し、その傍ら中立売門の警備に就くなど、次第に戦兵としての伎倆を整えていった。山国隊に出陣の命が下ったのは二月八日のことで、岩倉卿から直々に「一小隊を募り、因藩の手に加わり、十二日出陣致すべき」（『東征日誌』）旨が、取締役の藤野斎へ口達された。因州藩においては一小隊の定員が三十四名となっていたため、山国隊の側ではそれに相当する人員を選抜し、出征部隊を編成した。さらに山国隊は、「鉄砲の外は用捨し甲冑をやめ軽便な戎服を用いるべし」（鳥取県『鳥取藩史　第三巻』）という大総督府からの指令に基づき、「鉄炮　弐拾挺　但箱二ツ、玉薬入、合薬入共」のほか「鉄陣笠　二十蓋・法被　十枚・鎗印　十五枚」を因州藩から借用して、軍装を整えた。因みに、この時貸与された小銃は旧式のゲベールで、弾丸の不適合といった難点もあり、隊士の間からは早々に交換要求が出されていた。

山国隊が征途に就いてから程なくして、「錦切れ」の下賜や、京都で誂えた胴服・三才羽織・シャモの納入があり、隊士たちの扮装は和製洋式の戎服となった。ここに言う「錦切れ」とは、東征に参加した「官軍」を示す合印である。京都の太政官代が慶応四（一八六八）年二月二十一日、「紅錦片の肩章を本営に送り、翌日これを諸隊士に頒賜し、総督の指揮を俟つて貼附すべき」（『大村益次郎』）旨を下令したことにより、従軍する者は士卒の別なく佩用した。また戎服とは、洋式調練の導入に伴って考案された陣中装束を指す。このうち「胴服」は筒袖の上衣で、幕末期の風俗を記録した「守貞謾稿」には「嘉永中……西洋炮をあつかうに便ならざるをもつて……筒袖の衣を着す」(喜多川守貞『近世風俗志(二)――守貞謾稿――』)と記されている。「三才羽織」と言うのは、「細川三斎流長羽織」に由来する丈の長い筒袖の打裂《ぶっさき》羽織である。「シャモ」とあるのは、脛《はばき》部分の背をボタン留めまたはコハゼ掛けとした陣股引で、「韮山裁着《にらやまたっつけ》」とも呼ばれた。これらの戎服を受領した山国隊では、「シャモの仕立て方甚だ粗、かつ不格好なり。一同大に不満心なるも、止む能わずして着服す」とか「誂え通りとは一向粗末なる仕立て様と申、約束とは大に違い、三才の袖の行短く、夫々一向不揃いにて困り入り申し候」という形で、仕立ての悪さに不満を漏らしている(『東征日誌』)。京都の仕立屋は、新奇な戎服の仕立てに不慣れだったのであろうか。因みに、こうした陣中装束の調達を始めとする従軍中の経費一切は、山国隊の自己負担によって賄われていた。

慶応四(一八六八)年三月十九日に江戸へ到着した山国隊は、市ヶ谷の尾州藩邸に入った。そして翌々日の二十一日から、因州藩士足羽篤之助(旧幕軍において仏式伝習を受けた人物)の指導により、フランス式教練を受けることとなった。この時隊士たちは「頗る賞声之れ有り」とされるほど上達し、因州藩家老の和田壱岐から酒二斗と干鯵七十枚の差し入れを受けている。次いで三月二十四日には、隊長の河田佐久馬から「調練熟達抜群なりとし、黒毛陣笠、前立星に魁の笠、一隊中へ下さる」(『東征日誌』)こととなった。この前立は星形(円形)台座に「魁」の一字を彫ったもので、河田佐久馬が手ずから陣笠を配布した際、隊士たちに向かって「此の字に恥ずる如き挙動なく宜しく衆軍に魁すべし」

〈『原六郎翁伝　上巻』〉との訓示を行っている。これ以降、「魁字の毛笠」は山国隊のトレードマークになった。

江戸に滞陣した山国隊は、北関東平定のために宇都宮方面へ出動したのに続き、上野における彰義隊との戦いや、小田原への問罪出兵などにも参加して、「戦功数回なる、兼ねて藩兵の愁とする処」〈『東征日誌』〉となった。慶応四〈一八六八〉年四〜六月にかけて、これら一連の軍事行動に携わった山国隊の陣中装束は、筒袖の胴服に「シャモ」と呼ばれる陣股引をはき、三才羽織をはおって黒毛陣笠をかぶるというものだった。そして戦地で行軍する山国隊を沿道でみた人々は、だれ言うとなく彼らを「河太郎《ガワタロウ》隊」と呼んだ。隊士たちのかぶる陣笠がカッパのようにみえて、印象的だったのであろう。

続いて山国隊は奥州出兵の内命を受けるが、隊士の間で出兵の賛否をめぐる意見対立が起こったため、結果的に有志九名が河田佐久馬の従者として「取りあえず出張する」にとどまった。東京〈慶応四〈一八六八〉年七月十七日に改称〉に残った山国隊の本隊では、八月に入ると「スホン・マンテル」といった戎服を奥州へ出張した隊士たちに送っている〈『東征日誌』〉。ここに言う「スホン」は洋服のズボンを指すものと思われるが、その名称の由来については「幕

図49　東征時の山国隊士の軍装（復元）

図50　「マンテル」型の陣羽織

図51　京都凱旋時の山国隊士の軍装（復元）

末の頃、大久保誠知といふ人のこれを穿けば、ずぼんと足のはいるとて言ひ初めたる語」（芳賀矢一『改修言泉　第三巻』）とされている。「マンテル」というのは、もともとオランダ語のMantelに由来し、丈の長い洋服の上衣を指すものであった。

しかし幕末の日本では、こうした要素を取り入れて仕立てた陣羽織も「マンテル」と呼ばれており、ここでは洋服なのか和製洋式の戎服なのかはっきりしない。ただ明治期の時代祭の写真をみると、後者の装束で行列に加わっているメンバーが認められることから、山国隊で用いられた「マンテル」は和製洋式の戎服だったのではないかと推察される。ともあれ、こうした装束が前線の隊士たちに届けられたのは、秋季を迎える東北地方での防寒と、軍装の洋式化を兼ねた対策だったと考えられる。

明治元（一八六八）年十月二十一日、山国隊は隊長の河田佐久馬を通じて、近く予定される有栖川宮の京都凱旋の警備に加わりたい旨を大総督府に願い出た。この申し出は早々に受理され、参謀局から十一月五日に発陣するよう指令を受けた。取締役の藤野斎は金策に奔走して、凱旋のための行装を整えていった。京都凱旋に際しての山国隊士たちの装束については、具体的な内容を示す文書史料があまり残されていない。ただ、現在の時代祭の装束が「戊辰の役における総督凱旋の錦旗護衛の際の」出で立ちを再現したものとされており、初期の時代祭においては、存命であった元隊士たちが「服装の調製、団隊行進その他の訓練」を指導していた（『丹波山国隊史』）ということから、その大要を窺うことが出来る。これは、「三才羽織に義経袴をはき、下には筒袖の衣、頭に鉢巻又は赤熊を被り、脚絆、足袋、草鞋をはき、刀を佩び、鉄砲を抱えた姿」（平安講社編『平安神宮　時代祭』）を基本とするもので、明治二十八（一八九五）年の第一回時代祭から今日まで踏襲されている。

（二）　現存する東征装束

現在、伝存していることが確認される山国隊の装束は三組あり、それらは東征を終えて凱旋を果たした折に、隊士たちが着用していたものと推定される。現存の山国隊資料を構成するのは、次のようなものである。

藤野家資料（藤野清臣氏保管）

1、黒毛陣笠
2、黒レキション羽織
3、錦切れ・大総督府御印鑑・白地名札
4、胴服
5、紫義経袴
6、手旗

岡本家資料（筆者保管）
1、黒毛陣笠
2、黒三才羽織
3、錦切れ

樋爪《ひづめ》家資料（樋爪義信氏保管）
1、黒毛陣笠
2、黒三才羽織
3、錦切れ
4、胴服
5、紫義経袴

図52　藤野家資料の黒毛陣笠・前立・陣笠本体の構造

それでは次に各家の伝存資料に関し、物品をカテゴリーごとに区分しながら、それぞれについての所見をまとめていきたい。

(ア) 黒毛陣笠

この陣笠は前記したように、山国隊の隊長である河田佐久馬が慶応四(一八六八)年三月二十四日、江戸において隊士一同へ配布したものである。その基本構造は、陣笠の表面に黒毛を漆で貼り付け、正面に「魁」字を彫った真鍮製の前立、天辺に八幡座、後頭部に朱の総角を付けた真鍮製輪環を据えるというもので、文書資料の中には「黒毛陣笠前立星に魁の笠」あるいは「魁字の毛笠」と記されている(『東征日誌』)。

現存する三例を比較してみると、図52の藤野家資料と図53の岡本家資料に構造上の類似点が認められる。これらは何れも竹網代の上に和紙を張っ

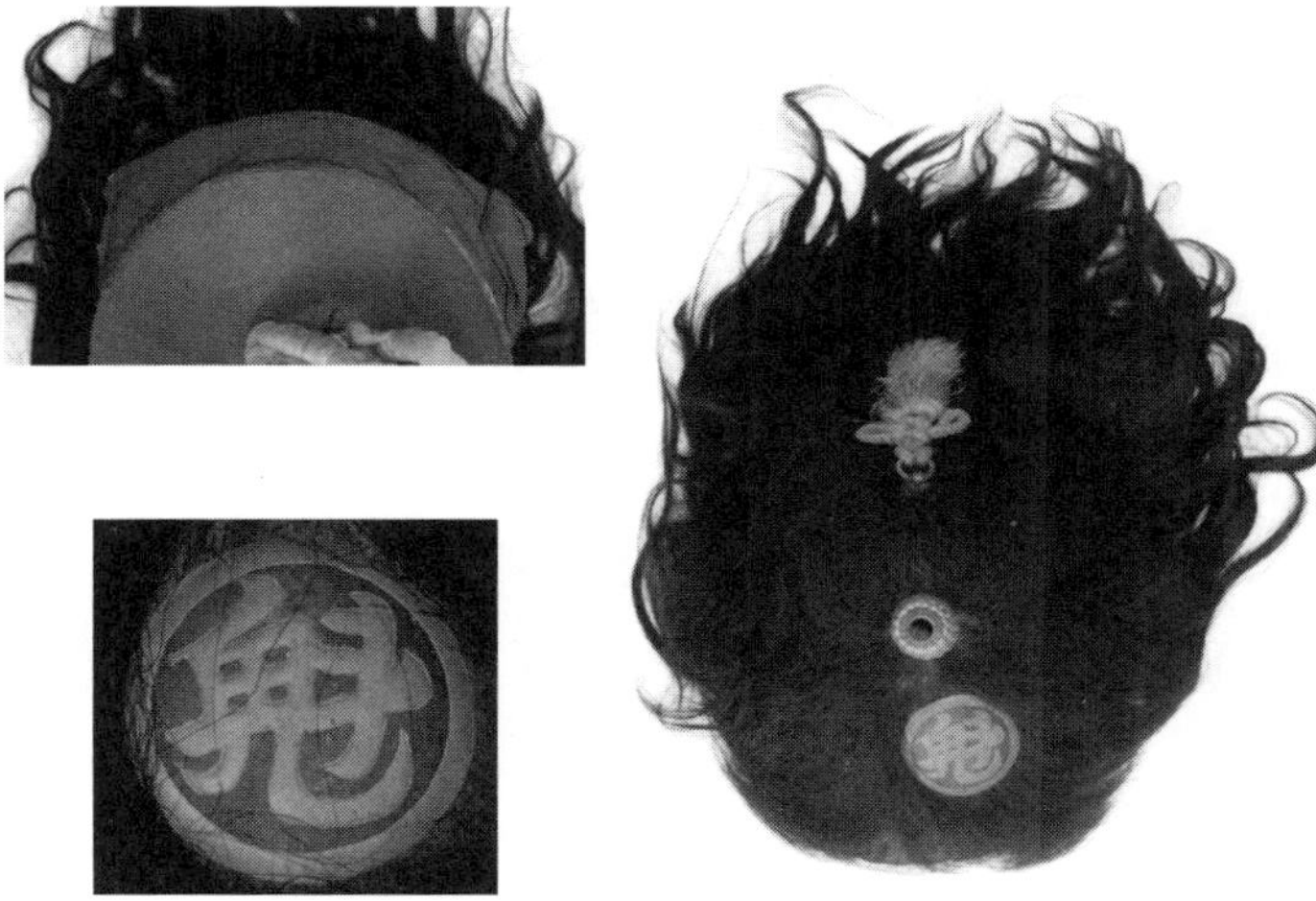

図53 岡本家資料の黒毛陣笠・前立・陣笠後縁部の紅布

て陣笠の本体を作り、その上に紺布の下地を施して黒毛を漆で貼る、という方法で製作されている。陣笠の内側には朱漆が掛けられており、二例ともほぼ同じ作りとなった白木綿製の頭受け・緒便りが内装として取り付けられている。陣笠の後縁部には、黒毛を縫い付けた錣状の紅布が糸で留められ、後ろに垂れる黒毛の毛足を伸ばす役割を果たしている。前立は真鍮製で、地に魚々子《ななこ》を打って黒染めするなどの彫金の技法により、「魁」の文字を浮き立たせている。星（円座）の直径は、図52が六二ミリメートル、図53が六六ミリメートルで若干の異同があるが、「魁」という文字の字体は、両者ほぼ同一と言える。

　これに対して図54の樋爪家資料には、構造上のはっきりとした違いが、いくつかの点で認められる。まず陣笠本体についてみると、既製の「錣付百重張陣笠」（『近世風俗志　（二）』）が使われており、

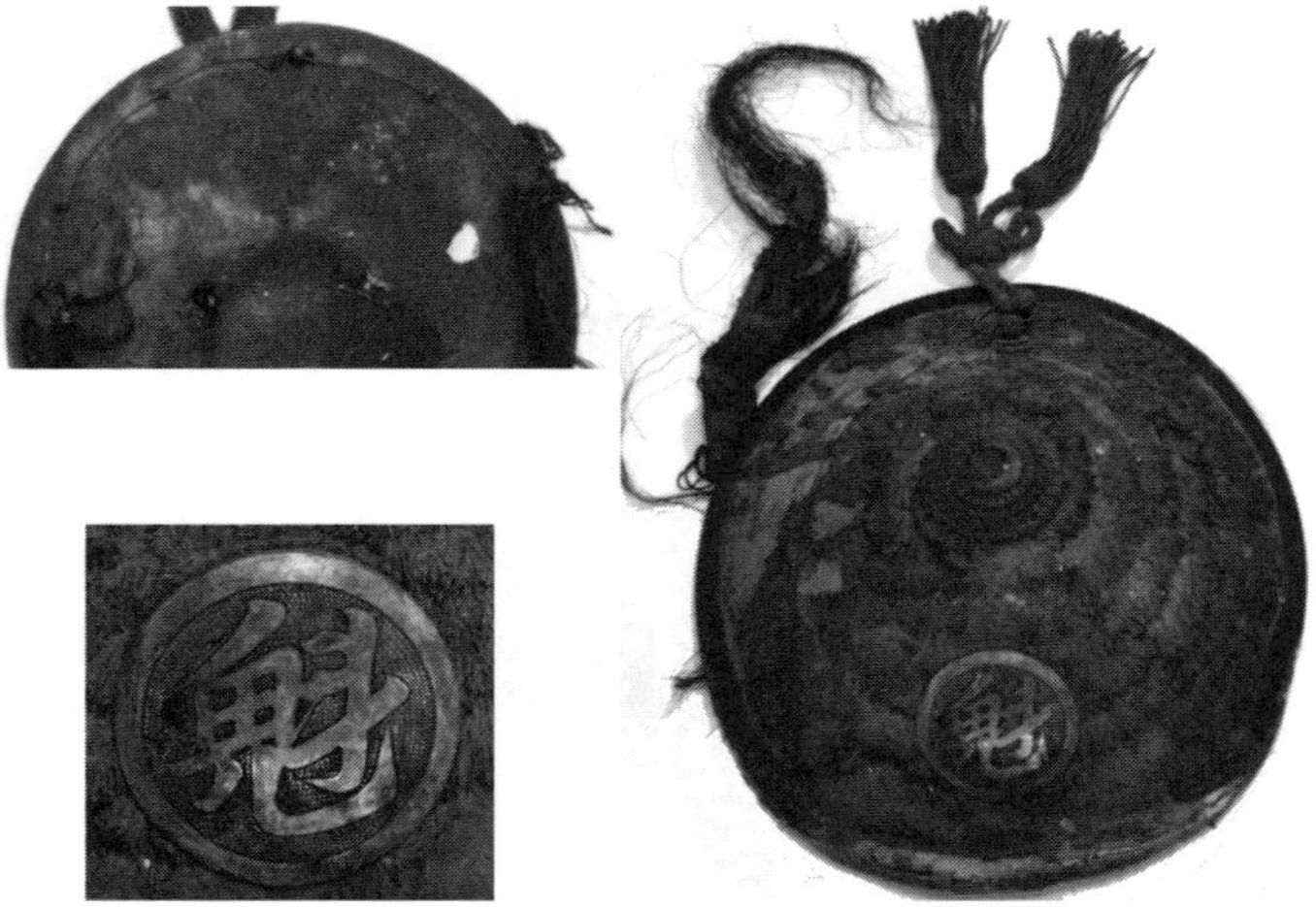

図54　樋爪家資料の黒毛陣笠・前立・陣笠内側の小金具

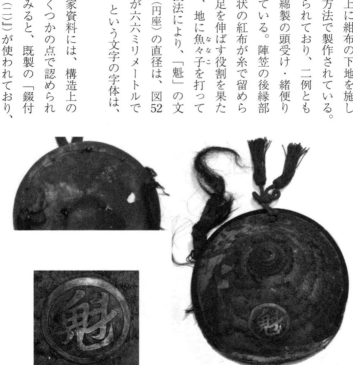

前二者よりもしっかりとした造りになっている。黒毛はほとんど脱落しているが、陣笠の表面に毛を漆で貼り付けるという技法が使われているのは、前者と同様である。他方、陣笠の内側に取り付けられた鐶を附すための小金具を使って、黒毛を後方に垂らすようになっている点が、大きく異なっている。前立は直径六五ミリメートルで、彫金により「魁」の文字を浮き立たせる技法は同じだが、字体に明らかな違いがある。

山国隊の黒毛陣笠は、配布された日時を文書の記載によって特定出来る数少ない資料のひとつである。しかも江戸に滞陣していた隊士全員へ、一斉に配布したことが確認出来ることから、同時期に調製された「数物」の装具であったことが知られる。こうした点からみて、現存する図52と図53の資料がその条件に合致した資料と言えそうである。構造の異なる図54の資料については、所用者とされる樋爪弥五郎が、七月に入って江戸の山国隊に参加した後続の隊士だったことから考えて、入隊後に私費で調製したものと推定出来よう。ともあれ、この「魁字の毛笠」は、山国隊の陣中装束の中でも象徴的な位置を占めるものであり、隊長河田佐久馬が作詞した「山国隊歌」の中にも、「威風凛々山国隊の戦の仕方を知らないか　雨と降り来る矢玉の中を先駈けするのじゃないかいな」(『丹波山国隊史』)という形で歌いこまれている。

(イ)　レキション羽織・三才羽織

レキション羽織とは、慶応年間に考案された丈の長い筒袖の陣羽織を指し、その名称はフランス語

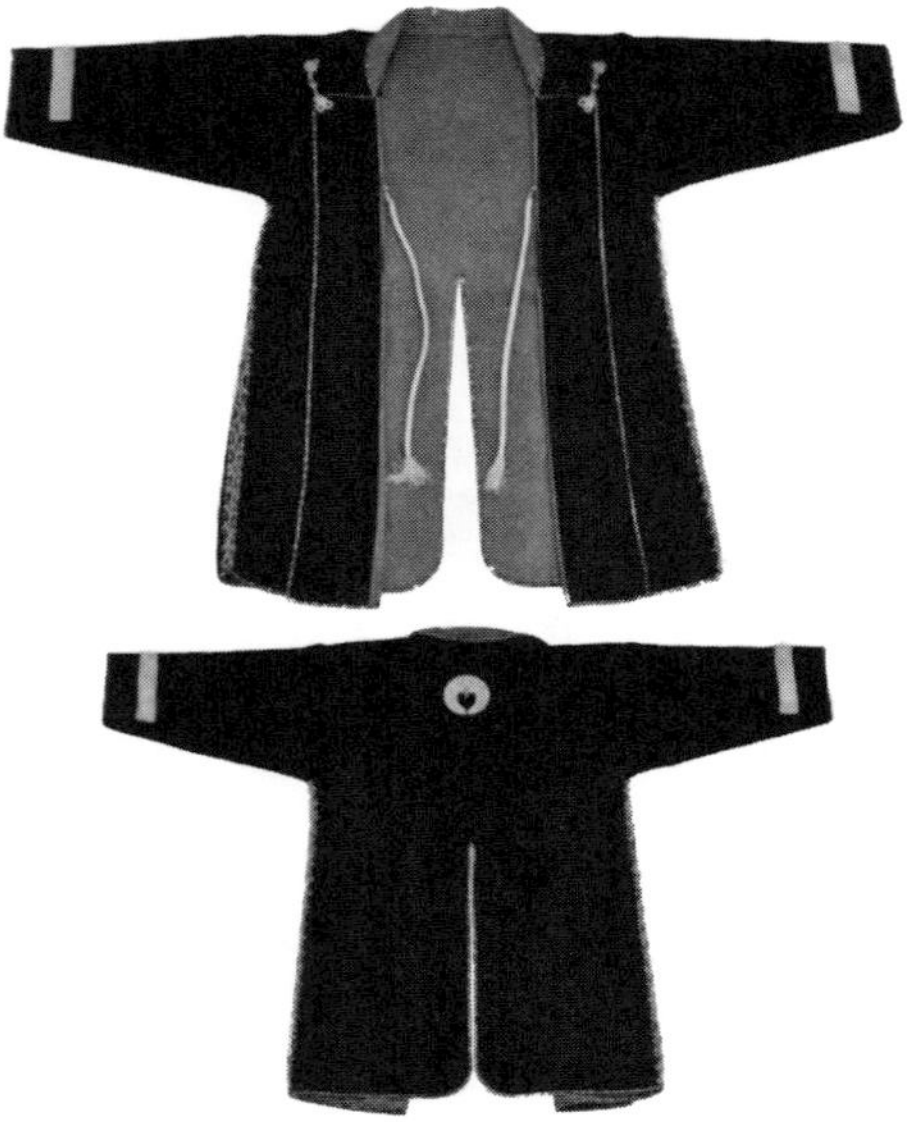

図55　藤野家資料のレキション羽織（表・裏）

のCostume d'equitationから転訛したものと言われている。慶応二（一八六六）年に老中から出された大目付宛の口達に「レキションと相唱え候筒袖の羽織苦しからず候」（『陸軍歴史　下巻』）とあり、それに先立つ文久三（一八六三）年には幕兵の装束について「羽織に之れ無く陣羽織に仕り度く候」（『陸軍歴史　下巻』）との上申がなされていることから、もともとは幕府陸軍で使われ始めたものだったことが分かる。これが諸藩にも広まり、戊辰戦争期には「征伐羽織」などと呼ばれて東征軍の間で用いられることになったのであろう。三才羽織は、前記したように「細川三斎流長羽織」に由来する、長丈の仕立てとなった筒袖の打裂羽織である。山国隊の取締役であった藤野斎が従軍中に記した「買物割付帳」には、レキション羽織や三才羽織の購買記録があり、出征した先でこれらを調達していたことが知られる。現在、藤野家資料に図55の黒レキション羽織が一着、岡本家資料と樋爪家資料の中に図56と57に示した黒三才羽織がそれぞれ一着ずつ伝存している。

まず藤野家資料中のレキション羽織についてみると、表生地は黒羅紗で、浅葱《あさぎ》海気《かいき》絹《ぎぬ》の惣裡《そううら》が付き、背には白羅紗で藤野家の家紋をあしらっている。左右の両袖には因州藩の合印である「白一文字」が縫い付けられているほか、胸元には白の「八ツ打丸紐」の羽織胸紐が認められる。元山国隊士の水口幸太郎が晩年に撮影した記念写真には、レキションを着用した軍装姿で写っており、おそらく取締や伍長といった役付の隊士がこれを着用したものと思われる。因みに藤野斎所用のレキション羽織は、破損個所を修復した痕跡がいくつも認められることから、同人が出征中に野戦で着用していたものと考えられる。

図 56　岡本家資料の黒三才羽織（表・裏）

次に三才羽織についてみると、現存する二例共ほぼ同一の仕立てとなっており、所要の数を揃いで調製した「数物」とみることが出来る。また何れも保存状態が良好で、戦場で使用されたものとは思われない。因みに明

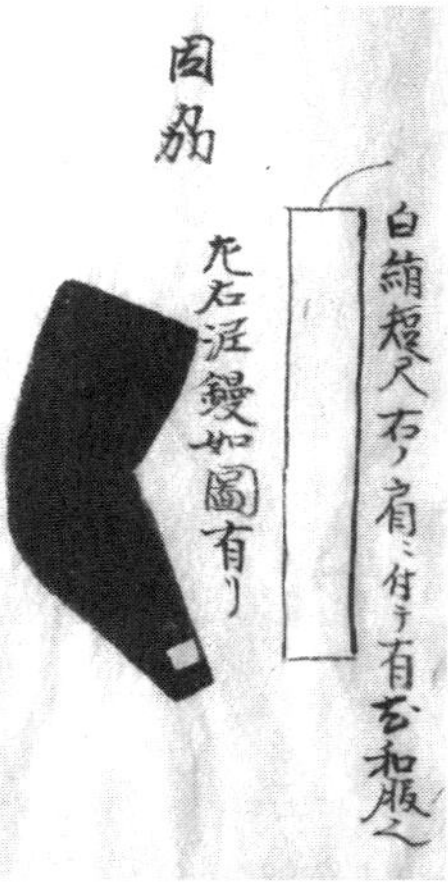

図58　因州藩の合印「官武諸家袖印小印幷旗印之写」より。

図57　樋爪家資料の黒三才羽織（表・裏）

治二十八（一八九五）年の時代祭への参加に際して、複製の三才羽織が調製されているが、この時は「倫子《りんず》の三才羽織」を行列で着用したという記録（若松雅太郎『平安遷都千百年記念祭協賛誌　玄武編』）が残っており、伝世資料とは生地がまったく異なっている。山国隊の記録には「一隊帰軍仰せ付けられ、これに依り更衣料として壱人前に金三両宛相渡す」（『東征日誌』）との件《くだり》があり、岡本家資料と樋爪家資料に含まれる三才羽織は、山国隊が京都へ凱旋するに当たって、装束を整えた折に仕立てられたものとみるのが妥当であろう。村上忠順の回想を筆記した「維新前後国事勤労の事蹟」によると、有栖川宮の凱旋行列に供奉する士卒は「何れも御下賜になりました黒羅紗の三才羽織、紫呉呂《ごろ》の袴を着」（史談会編『史談会速記録　合本二一冊』）ていたとされる。山国隊側の資料には、凱旋時に装束が下賜されたことを示す記述はみあたらないが、この回想は時代祭で着用される装束ともよく合致しており、山国隊士たちもまたこうした出で立ちで供奉していたであろうことを窺わせる。

さて、現存する二例の三才羽織に関する所見を述べると、両者共に「濡羽色《ぬればいろ》（濡れて艶の増した烏羽《からすば》色《いろ》）」の羅背板《らせいた》（rasset）を表生地に使い、羽織裡《うら》は細布《さいみ》（目の粗い木綿）の惣裡となっている。また背には深い「打裂」が入り、羽織胸紐として白い「八つ打丸紐」が付く。左右の袖口には、因州藩の合印である「白一文字」が縫い付けられているが、いわゆる「数物」であったためか、家紋などはあしらわれていない。合印の「白一文字」は木綿生地を使って作られており、表面には胡粉を膠で溶いたものが塗布されている。さらに左肩には、次に述べる「錦切れ」が取り付けられている。

（ウ）錦　切　れ

東征軍士卒の間で「錦切れ」と呼ばれていたのは、「錦の御旗の布れ《き》」（維新戦歿者五十年祭事務所編『維新戦役実歴談』）に由来する官軍の統一的な合印で、公式には「錦御肩印」と言った。山国隊にこの「錦切れ」が下賜されたのは、京都進発後の慶応四（一八六八）年二月二十一日のことであり、この時「左の肩へ付け申すべき事」と共に、粗末に扱ったり紛失したりした者は厳科に処する旨の通達があった。さらに翌々日の二十三日には、重ねてその取扱いに関する通達が出されたため、藤野斎ら三名の幹部が隊士たちの肩印をまとめて保管することになった。戊辰戦争後、これらの「錦切れ」は東征に参加した者へ下げ渡されたが、維新政府の軍務官は明治二（一八六九）年一月十四日に、「御貸下げの肩印は、東北平定の紀念として各従軍者に拝領せしめ、公用以外之を使用するを厳禁」（「陸軍教育史　明治本

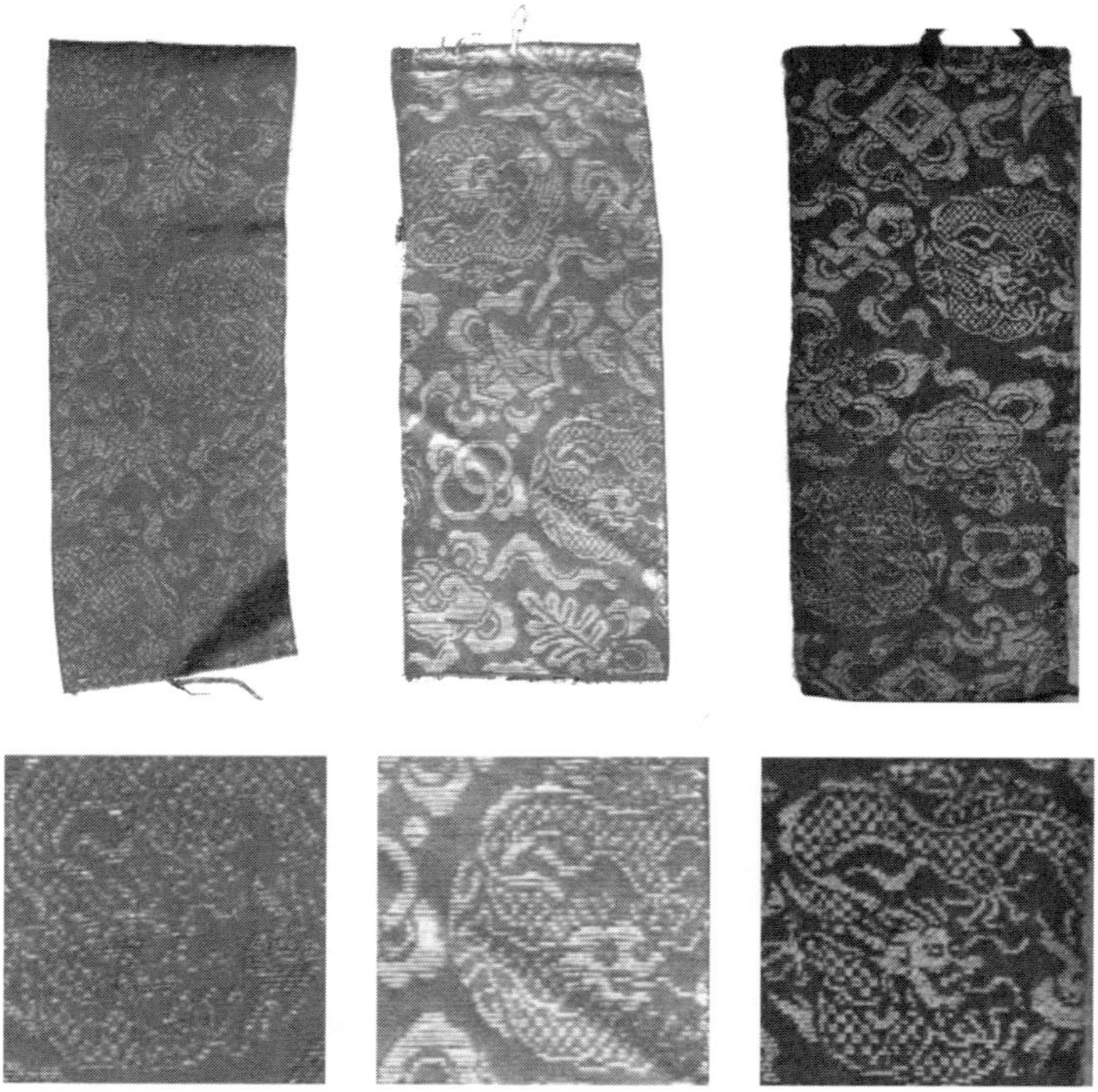

図 59　現存する「錦切れ」
右から藤野家・岡本家・樋爪家資料。

記　第二巻稿」防衛省防衛研究所図書館所蔵）する旨の通達を発している。山国隊各家の資料中に「錦切れ」が伝存するのは、こうした経緯を踏まえてのことであり、「錦切れ」を拝領した元隊士たちが存命の間は、後世の従軍記章のような扱いがなされていたことを窺わせる。

　現存が確認された三例のうち、原形を完全に保っているのは藤野家資料の「錦切れ」だけであり、ほかの二例は周囲をトリミングされて、法量が小さくなってしまっている。藤野家のものは、縦一七三ミリメートル×横六四ミリメートルで、四周を三ミリメートルほど折り返して縫ってあり、上部に竹籤を入れて黒丸打紐で肩から下げられるように作られている。これに対して、岡本家資料は三方（縦二方向・横一方向）、樋爪家資料は二方向（縦二方向）をトリミングされており、それぞれ縦一五〇ミリメートル

図60 「大総督府」御印鑑の肩印

図61　藤野斎所用の名札

×横六〇ミリメートル、縦一七〇ミリメートル×横六〇ミリメートルとなっている。これは経年変化に伴う劣化により、横糸に使われている金糸がほつれるのを嫌って、縁を切り揃えたものと思われる。

生地の文様に関しては、三例共「巻竜・宝珠・七宝・卍」といった吉祥を表す絵柄で構成されている。因みに当時の「錦切れ」そのものは日本各地に多数現存しているが、それらに使われている生地は金襴あり緞子ありとまちまちで、製作に当たって特定の文様の生地が意識的に選択されていた形跡は無い。三例の「錦切れ」に同じ文様構成の生地が使われているということは、それらが「数物」として同時に作られたことを示すものと言えよう。また生地の退色度合いについてみると、藤野家資料がほかの二例に比べて明らかに大きい。これは取締役である藤野斎の「錦切れ」が、職務上常時佩用されていたのに対し、隊士たちの分は幹部が管理していて、野外で佩用される機会が少なかったことから来た違いと考えられる。

そのほか藤野家資料には、「大総督府」の朱印を押捺した白絹の肩印一枚と、「因藩附属山国隊　藤埜近江守紀朝臣清穆」と墨書した白木綿の名札一枚が残されている。山国隊士たちが戦地で使用した名札については、出陣中に「白地肩印に銘々姓名を書記し、討死の節、紛なからんを要す　長さ五寸五分許、幅壱寸六分許、左肩に付る」（『東征日誌』）との取り決めがなされていた。

しかし現存品の法量は縦三六〇ミリメートル×横六七ミリメートルと、戦場で使用するにしてはやや過大の感を拭えない。そうした点から考えて、これは凱旋時に着用されたものとみるのが妥当であろう。

（エ）胴服・義経袴

筒袖の胴服は、「つつっぽ」あるいは「鉄砲襦袢」などとも呼ばれ、江戸時代を通して主に下賤の仕事着として使われ続けて来た。しかし幕末を迎えて西洋式の軍事教練が行われるようになると、銃の取り廻しに便利であることから、武士の間にも広まっていった。山国隊士所用の胴服としては、藤野家資料と樋爪家資料の中にそれぞれ一着ずつ伝存している。藤野家のものは、模様の織り込まれた柔らかい浅葱色金巾を生地に使用しており、丈の短い腰切仕立てとなっている。袖口に括緒が通してあるが、これは在来の「鎧下《よろいした》」に倣ったものであろう。また樋爪家の例品も、前者と同様に腰切の仕立てとなっているが、こちらは生地に浅葱色の木綿を用いている点が異なる。

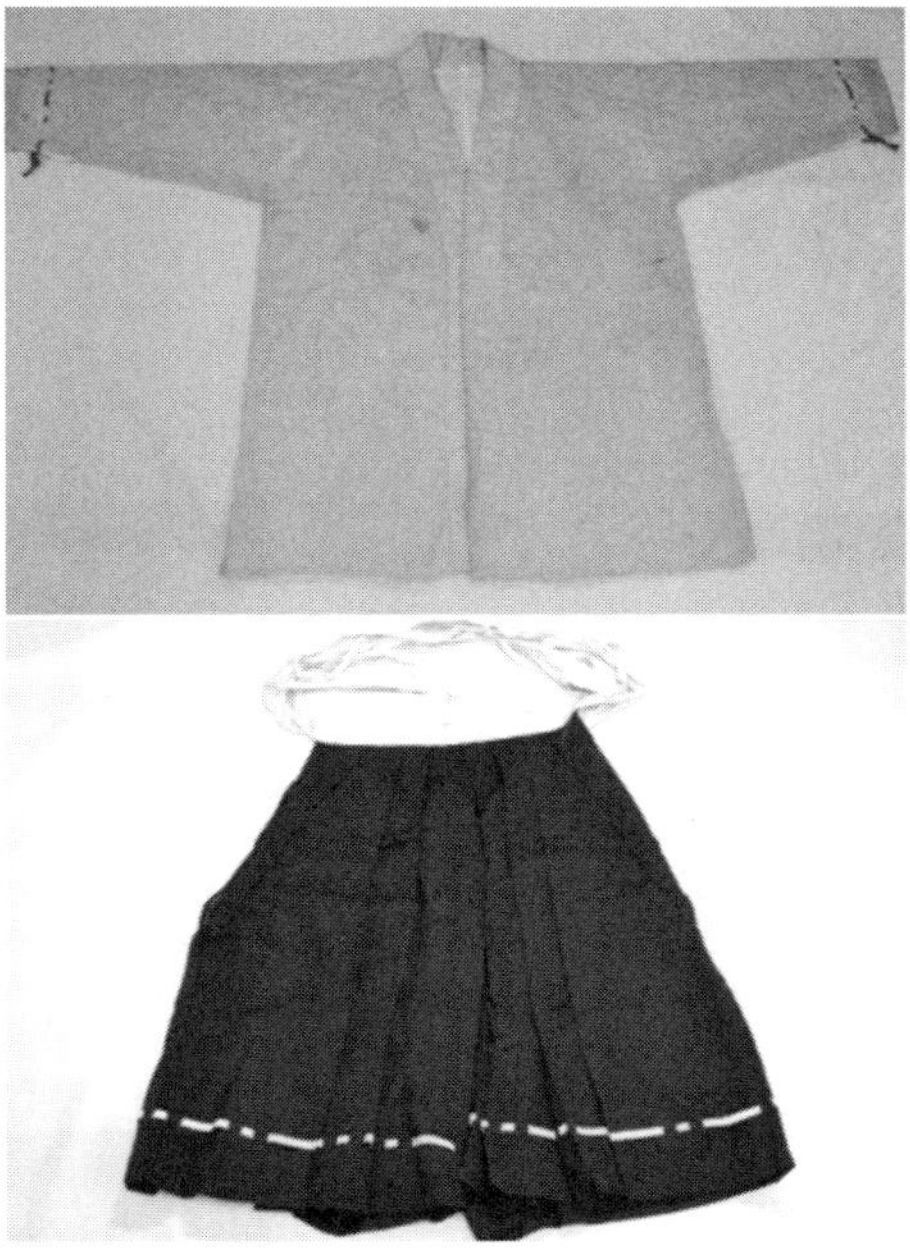

図62 胴服（上）と義経袴（下）（藤野家所蔵）

義経袴というのは、「白絹の腰紐に裏をつけた六幅の袴で、裾に

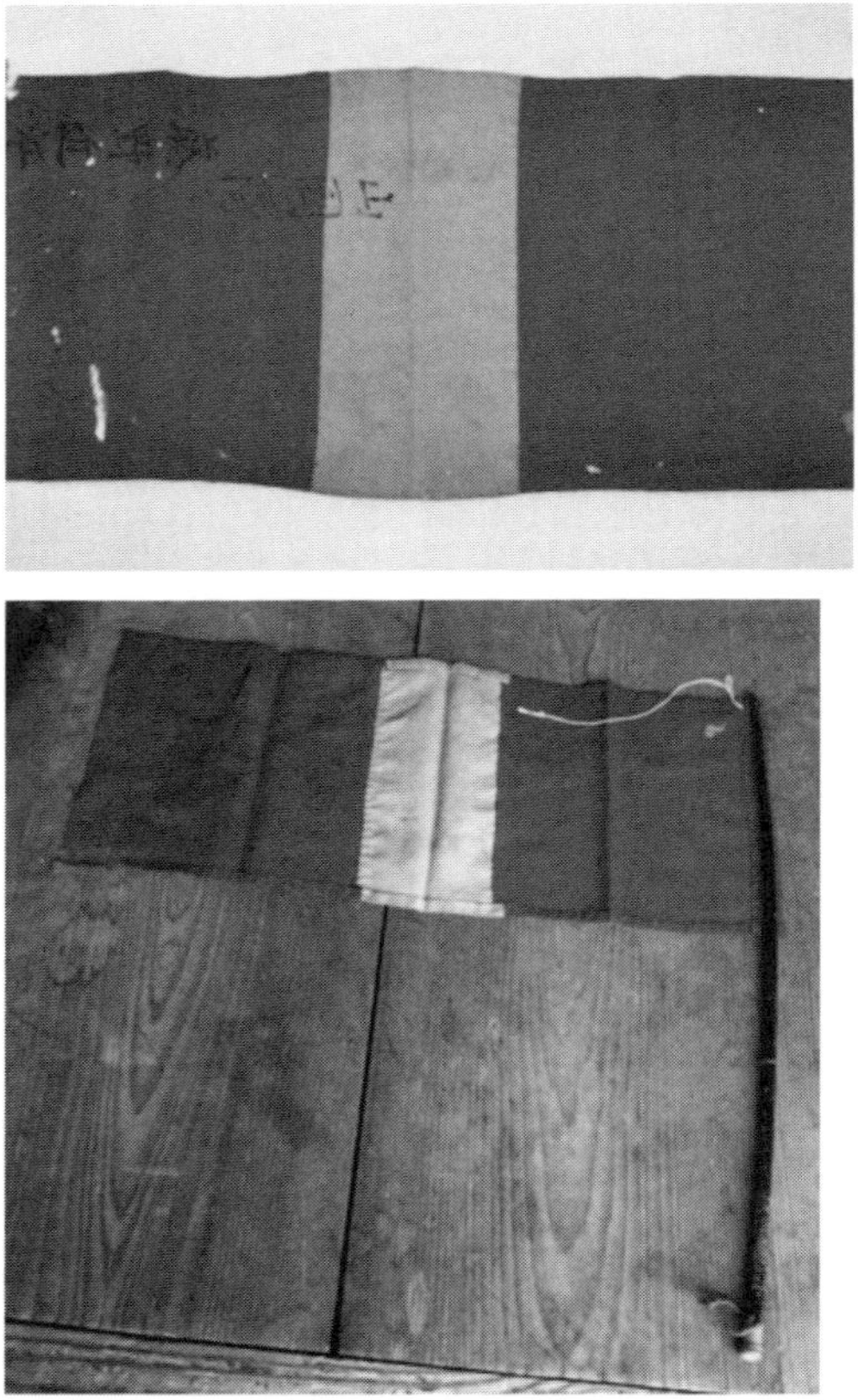

図63　藤野斎所用の手旗

薄平の括緒を通す」（平安講社編『時代装束　時代祭資料集成』）形式となった裾袴である。山国隊では結隊当初から陣中装束として用いられているが、現存する二例の義経袴は何れも紫色で、京都凱旋に当たって調製されたものと考えられる。藤野家資料は、模様の織り込まれた倫子を生地に用いており、もうひとつの樋爪家資料は生地に木綿を使ったものである。

（オ）手　旗

藤野家資料の中に、「山国隊　藤野近江守」という墨書の入った、藤野斎所用の手旗がある。紅・

白・紅の絹生地を手縫いで色分けしており、木製漆塗りの柄が付いている。旗の法量は、縦二八四ミリメートル×横六五〇ミリメートルで、おそらく小隊旗として使用されたものと思われる。因みに現在の時代祭で使われている手旗は、紅白を斜めに切り返した正方形のもの（長州藩の手旗と同一）であり、藤野家資料の例品とは異なっている。

結びに代えて

山国隊は、戊辰戦争に出征した隊士が合計三十五名という小規模な草莽隊だったが、文書資料はもとより、東征装束を始めとする物品関係の資料を含め、関連資料の伝世している割合が比較的高いと言える。そこには山国隊が、明治十年代初頭まで在地の「壮兵」としてその組織を維持し続けたことと併せて、明治二十八（一八九五）年から京都で開催されるようになった時代祭に参加したことが、大きく影響していると思われる。ことに時代祭は、程なく京都三大祭りの一つとして日本全国に知られるようになり、その先達役を務める山国隊が一躍その存在を知られるきっかけともなったのである。山国隊関係者の間に資料保存の機運が醸成されたのには、こうした背景があったことを見逃せない。

三　山国隊と維新勤王隊の小銃

（一）「山国隊」の小銃

山国隊は、幕末維新期に編制されていた西洋式軍隊の中の「歩兵」に分類される部隊であり、主に小銃を使用して戦うための訓練を受けていた。山国隊は因州藩に所属していたため、隊士が携行する小銃についても、同藩から貸与される形が取られた。征途に就いた山国隊には、当初旧式の前装滑腔銃であるゲベールが支給されたが、程なくして前装施条式のミニエー銃に交換され、その後の戦闘ではこちらを継続的に使用した。因みに山国隊士たちは、東征で使用したミニエー銃を凱旋時に故郷へ持ち帰っており、その一部が今でも伝存している。

慶応四（一八六八）年二月十三日、山国隊が東征軍の一員として京都を出発する際に、因州藩から借り受けた小銃は前記のゲベールで、これは戊辰戦争期には既に旧式と目されていたものだった。当時ゲベールと呼ばれていたのは、オランダからもたらされた前装滑腔式の歩兵銃（Infanterie Geweer）であ

図64　オランダの1842年式ゲベール

り、点火装置が雷管式に改良されてはいたが、発射する弾丸は球形の鉛弾で、命中精度が低く射程も短かった。ここに一八四二年式ゲベールの諸元を示すと、公称口径一七・五ミリメートル、全長一三七・五センチメートル、重量四キログラム、有効射程二五〇歩（一八七・五メートル）とされる。この銃を支給された山国隊士の間からは、「ゲヘル炮は弾薬を込めても適合せず、奔れば玉薬が音を為して流出し、敵に向かってその要を為し難し」（『東征日誌』）との苦情が出されており、早急に他の銃と交換することの必要が訴えられていた。

小銃の交換が実現したのは慶応四（一八六八）年三月九日のことで、山国隊が吉野宿に到着した折、新たに「ミ子ール銃三拾挺　負革付・玉薬一千百発・雷管弐千発・火門十六共」（『東征日誌』）を貸与されることとなった。ここに言う「ミ子ール銃」とは、当時欧米諸国が採用していた、底部拡張式の尖頭鉛弾を使用する前装施条銃の総称で、開発者であるフランス軍人ミニエ（Minié, Claude-Étienne）の名に因んでそう呼ばれていた。戊辰戦争期の日本には、イギリスやアメリカのほかオランダ・フランス・ベルギー・オーストリアなどで制式採用された各種のミニエー銃が輸入され、倒幕・佐幕何れの陣営においても混用されている状態だった。

山国隊が東征時に使用したミニエー銃については、隊の取締役であった藤野斎の末裔宅に現在も二挺が伝存しており（藤野清臣氏保管）、その種類を具体的に知ることが出来る。

現存品を実見したところ、これらは一八五〇年代のイギリスで制式採用されたエンフィールド短小銃（Enfield Short Rifle）のカテゴリーに含まれるもので、銃種としては海軍用の一八五八年式小銃（P1858 Naval Rifle）であることが判明した。また、銃の「機鈑」には、「MANUFACTURE LIEGEOIS D'ARMES A FEU SCCIETE ANONYE LIEGE」の刻印が認められ、ベルギーにおいて製造されたものであることが分かる。イギリスの文献をみると、この年式の海軍銃は「リージェでも製造されていて、それらは典型的なベルギーの刻印を有する」（D.W.Bailey, *British Military Longarms 1715-1865.*）とあり、そうしたコントラクト・モデルの一部が幕末

図65　ゲベールとミニエー銃の弾丸比較
左：ゲベールの球形鉛弾、右：ミニエー銃の底部拡張式尖頭鉛弾。

維新期の日本に輸入されていたことが窺われる。なお同銃の諸元は、公称口径〇・五七七インチ、腔綫《こうせん》五条、全長四九インチ、重量八・五ポンド、最大照尺射程一、一〇〇ヤードであった。

山国隊が凱旋時に郷里へ持ち帰った小銃は二十六挺で、その後しばらくの間、因州藩からの借用という形で保管された。明治二（一八六九）年三月一日に起草された「隊中規則」には、「銃剣諸武器銹鏽を生ぜざる様必ず折々洒掃怠るべからざる事」（『丹波山国隊誌』）とあり、有事の際は再び武装出来るよう備えていた様子がみえる。これらの小銃は、廃藩置県後の明治五（一八七二）年一月七日に「貸渡し置き候器戒等一切、返却に及ばず」との通達が鳥取県庁から発せられたことにより、借り受け人である隊士たちの所有に帰した。明治二十八（一八九五）年に最初の時代祭が挙行された際、列外参加し

図 66　エンフィールド銃の機関部と弾丸・雷管

た山国隊は疏水の慶流橋畔で祝砲を放つというパフォーマンスを行っている。この時の祝砲は当然空砲だったと思われるが、戊辰戦争から四半世紀を経ても山国隊の小銃が使用可能な状態に保たれていたことを窺わせる、興味深いエピソードである。

　そのほか山国隊士樋爪弥五郎の遺品とされる小銃が、同人末裔の許に伝存している（樋爪義信氏保管）。こちらは後装単発式のスナイドル銃（Snider - Enfield Rifle）であり、「機鈑」には「TOWER 1867」の刻印がある。スナイドル銃は前装式のエンフィールド銃に改修を施し、スナッフ・ボックス型の遊底を取り付けて元込め式としたもので、一八六七年にイギリスで制式採用された軍用銃である。因みに山国隊がスナイドル銃の貸与を因州藩から受けたことを示す記録は、管見の限り確認されていない。樋爪弥

図67　短エンフィールド銃（藤野家所蔵）

図68　図67の機鈑の刻印のアップ

五郎が江戸滞陣中の山国隊に合流したのは慶応四（一八六八）年七月で、以後帰郷するまでの間、戦闘に参加することは無かった。このため、因州藩から貸与されていたエンフィールド銃の交付を受ける機会は、得られなかったと思われる。他方、隊士の携行する小銃の中には「江戸にて自費購入の物もあった」（『丹波山国隊史』）とされることから、この銃は遅れて隊に加わった樋爪が、自身で調達した私物であった可能性が高い。

（二）「維新勤王隊」の小銃

明治二十八（一八九五）年に平安遷都千百年を祝して平安神宮が創建された際、その記念行事として今日まで続く京都の時代祭が企画されることとなった。時代祭の内容は、桓武天皇以来

図69 スナイドル銃（樋爪家所蔵）

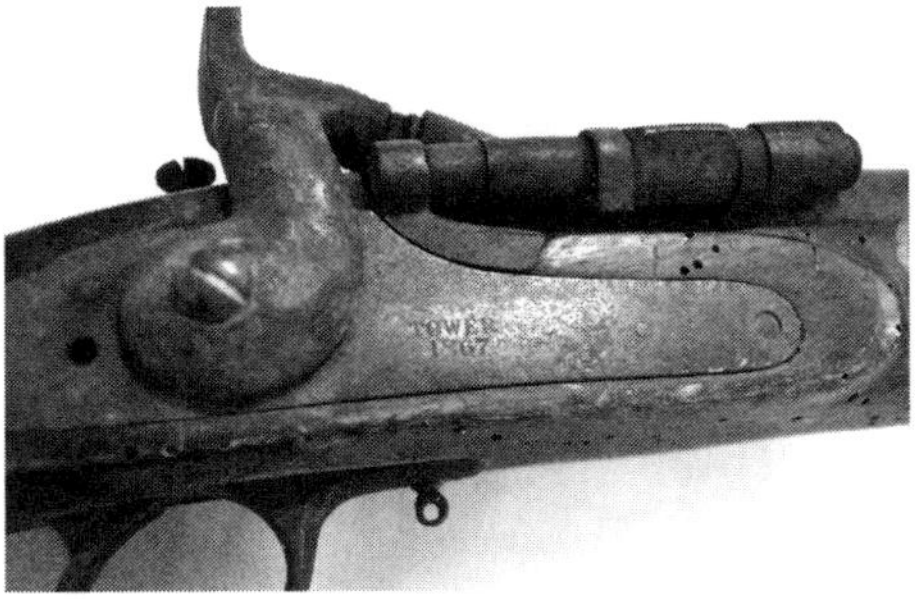

図70 図69の機鈑の刻印のアップ

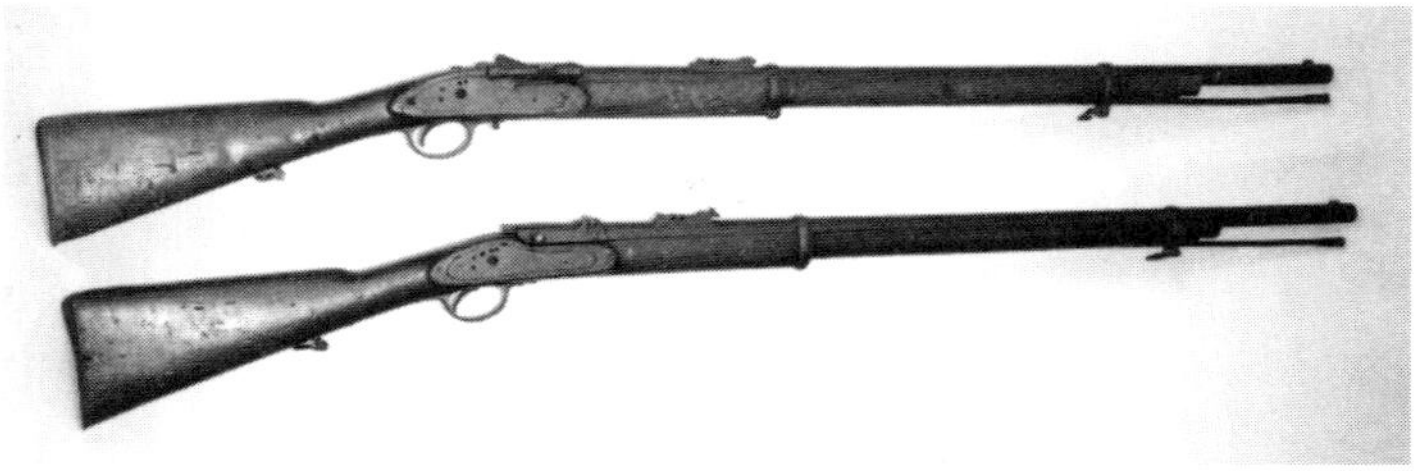

図 71　スナイドル銃（上）とアルビニー銃（下）（平安神宮所蔵）

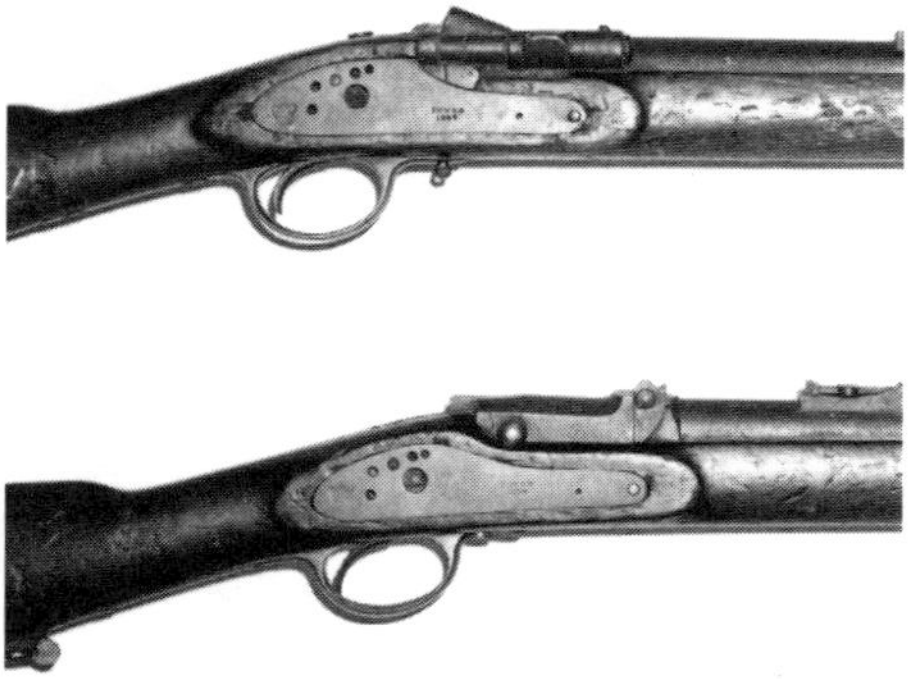

図 72　図 71 の機関部の外形比較

の歴史風俗の変遷を再現した行列が京都市内をパレードするというもので、これを主催する平安講社では、京都府下に番外参加を広く呼び掛けた。この呼び掛けに応じて参加した山国隊が、現在の維新勤王隊の前身である。当時の山国では、戊辰戦争への従軍体験を持つ隊士がまだ存命であり、費用の不足分を自弁して時代祭への参加を取り決めたと言われる。時代祭のための山国隊を新規編成するに当たって、凱旋時の装束や錦旗の複製、元隊士による参加者への鼓笛指導など、山国の有志たちは意欲的に準備を進めた。これにより鼓笛軍楽を奏でる山国隊の行進は初回から好評を博し、明治三十（一八九七）年からは行列の先達役を務めるようになった。しかし山国隊では、毎年の少なからぬ参加費用支出や、農繁期に多数の働き手を祭に取られるという問題が次第に顕在化し、大正六（一九一七）年を最後に時代祭への参加を取り止めるに至った。平安講社では時代祭の先達の代役として、当時京都市域に編入されて間もなかった旧朱雀野村を中心に第八社を組織し、山国隊を継承する維新勤王隊を立ち上げた。この地域には山国で伐採された木材を商う材木商が多く、山国出身者も多く居住していたことから、山国隊経験者からの指導を受ける形で維新勤王隊の練成が図られ、大正十（一九二一）年から時代祭に参加することとなった。それ以来今日まで、この維新勤王隊が時代祭の先達役を務めている。平安神宮には、維新勤王隊が時代祭での行進時に担う小銃として、六十四挺に及ぶ明治初期の軍用銃が収蔵されており、大正時代以来継続して使用されている。

これらの小銃は、維新の建軍期から明治十年代にかけて日本陸軍が使用していた歩兵銃であり、スナイドル銃とアルビニー銃（Albini Breandlin Rifle）の二種類に大別される。取得経緯については詳らかでないが、「大阪の陸軍局から払い下げを受けた」との伝聞がある。おそらく維新勤王隊が結成された折に、行進時に担う小道具として調達されたのであろう。因みに昭和三（一九二八）年以前の維新勤王隊を写した写真には、火縄銃を担いで行進する隊士を見い出すことが出来、軍用銃の調達が行われたのは隊の結成からしばらく経った時期だったとも考えられる。現存数は六十四挺だが、既に九十年以上にわたって使用され続けており、その間に破損・廃棄されたものも相当数あったのではないかと思われる。大正期には既に廃銃と化していた旧式銃とは言え、これだけの数量の軍用銃を一括入手出来るルートとしては、陸軍からの払い下げ以外考えにくい。因みにこれらの小銃は、全て撃針と撃鉄が除去された状態にあり、陸軍が廃銃を民間に払い下げるに当たって、銃の撃発装置を取り除いて安全処理を施したことを窺わせる。

（三）　建軍期日本陸軍の小銃

平安神宮に収蔵されているスナイドル銃とアルビニー銃について所見を述べるのに先立ち、明治初期の日本陸軍においてこの二種類の小銃がどのように位置付けられていたのか、という問題に関して概観しておきたい。明治四（一八七一）年の廃藩置県を経て、明治政府は旧藩所有の兵器回収に着手した。この時「還納兵器」として収管された小銃は総数十八万千十二挺を数え、その機種も前装式の滑腔銃・施条銃、後装式の短発銃・連発銃を交えて三十九種類に及んだ（陸軍省『兵器沿革史　第一輯』。以下、『兵器沿革史　第一輯』）。このような新旧雑多な小銃が混在した背景には、全国各地の諸藩が幕末・維新の戦乱期を通じ、外国人商館などから洋式銃を随意に買い入れて使用して来たという事情があった。日本陸軍では明治五（一八七二）年、第二次フランス軍事顧問団の教育長であったマルクリー（Marquerie, C. A.）参謀中佐に、これら「還納兵器」の調査を依頼した。マルクリーは、顧問団の一員であるルボン（Lebon, F. F. G.）砲兵大尉に実地調査を命じ、当座の歩兵用小銃として「シャスポー銃・ツンナール銃・スナイドル銃・エンピール銃」の四種類を選定した（『兵器沿革史　第一輯』）。

さらに明治七（一八七四）年に入ると、日本陸軍は歩兵・砲兵・騎兵・工兵・輜重兵といった各兵科毎に支給する小銃を整えるべく、「各種兵携帯兵器」の区分を定めた。これにより、スナイドル銃・アルビニー銃・エンフィールド銃が歩兵・工兵用に、またスペンサー騎銃（Spencer Repeating Carbine）・スタール騎銃（Starr Carbine）が騎兵・輜重兵・砲兵用に選定された。この時期の日本陸軍では、フランス式の用兵思想を踏まえ、歩兵の小銃火力が戦闘の大勢を決する有力な手段と位置付けられていた。その基本戦法についてみると、「先づ散兵を以つて火戦に任じ、後方部隊が之に跟随して銃鎗突撃を為し、砲兵は戦闘間之を援助」（日本歴史地理学会『日本兵制史』）するというものであり、小銃の選定に当たっては、歩兵・工兵の全てに後装銃を支給していく方針が取られることとなった。

維新勤王隊が時代祭の際に使用しているスナイドル銃とアルビニー銃は、こうした経緯をたどって日本陸軍の制式小銃となったものであり、西南戦争を経て国産の村田銃が全軍に配備される明治十年代末まで、歩兵の主力小銃として使われ続けた。これら二種類の小銃は、後述する通り遊底を開閉させる機構に違いがあったが、いずれも前装式のエンフィールド銃を改修したものだったことから、口径や諸元はほぼ同一で弾薬についてもボクサー実包（Boxer Cartridge・当時日本ではスナイドル実包とも呼ばれた）を共用することが出来た。ボクサー実包は、弾丸・装薬・雷管・薬莢が一体と

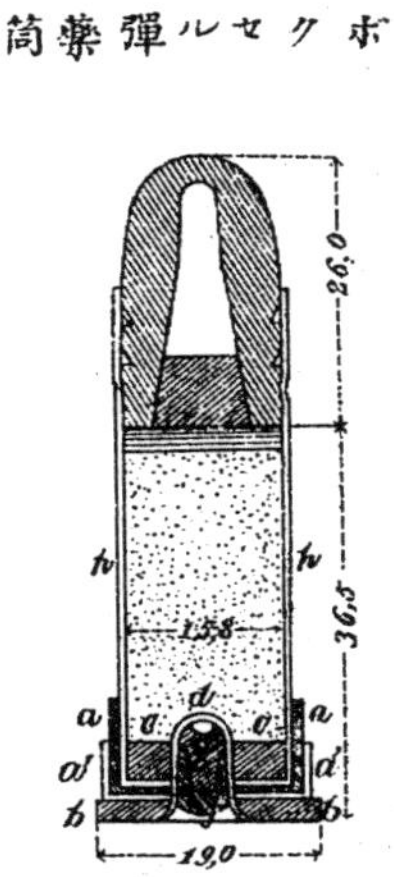

図73　ボクサー実包の構造図

陸軍士官学校『兵器学教程　巻之一』附図（陸軍士官学校、1895年）より。

なった中心打撃式の完全弾薬筒であり、その構造については次のように記されている（陸軍士官学校『明治二十八年版　兵器学教程　巻之二』）。

弾丸は底面に空部を穿ち、拡張によって腔綫に吻入《ふんにゅう》させる。薬莢は銅筒をもって作り、その下部を二枚の銅底で強厚にする。抽筒板は小鉄をもって作り、中心に雷管室を嵌して底部の諸品を綴合する。室は紙製の圧搾扁輪《あっさくへんりん》中に入れて固定する。室内には雷管と発火金とを含む。弾量三一・一グラム、装薬量四・五四グラム、全量四七・二グラム、初速三五九メートル。

① スナイドル銃

日本陸軍が歩兵用にスナイドル銃を採用する方針を示したのは、明治四（一八七一）年のことである。翌明治五（一八七二）年に銃器調査が行われた際、「還納兵器」中にスナイドル銃は千五百挺ほどしか無かったが、当時一万二千挺のストックがあった前装式のエンフィールド銃に改修を施すことにより、将来的に補充していくことが計画された。ただし日本国内でエンフィールド銃をスナイドル銃に改修する作業が開始されるのは、西南戦争後の明治十一（一八七八）年のことであり（工学会『明治工業史　火兵・鉄鋼篇』）、それまでの間は外国人商館などを通じての購入が続いた。因みに西南戦争に際しては、九州の戦場に八千二百八十四挺のスナイドル銃と百四十三挺の長スナイドル銃が供給され、総計二千五百五十一万四千二百三十八発に及ぶボクサー実包が消費された（参謀本部陸軍部編纂課編『征西戦記稿附表』「銃砲損廃表」）。弾薬を共用出来るアルビニー銃の供給数は三千八百四十五挺で、これを含めた一挺当たりの弾薬消費数を計算すると二千七十八発余となり、前装式のエンフィールド銃一挺当たりの弾薬消費量百二十発余に比べ、実に十七倍以上となる。なお、西南戦争直後のスナイドル銃の現在数は、「近衛備附数　一九八三挺・各鎮台備附数　一万七八三一挺・武庫現在数　一万九六七六挺」であった(『兵器沿革史　第一輯』)。

エンフィールド銃をスナイドル銃に改修する作業は、東京砲兵工廠において明治十一（一八七八）年に一万挺、明治十二（一八七九）年に五万挺実施され、続いて大阪砲兵工廠でも明治十三（一八八〇）年に三千八百挺、明治十四（一八八一）年に三千挺の改修作業が行われた。日本陸軍は、明治十五（一八八二）年に『歩兵操典』の改正と『射的教程　第一版』の制定

図74　スナイドル銃の機関部
上：閉鎖時、下：開放時。

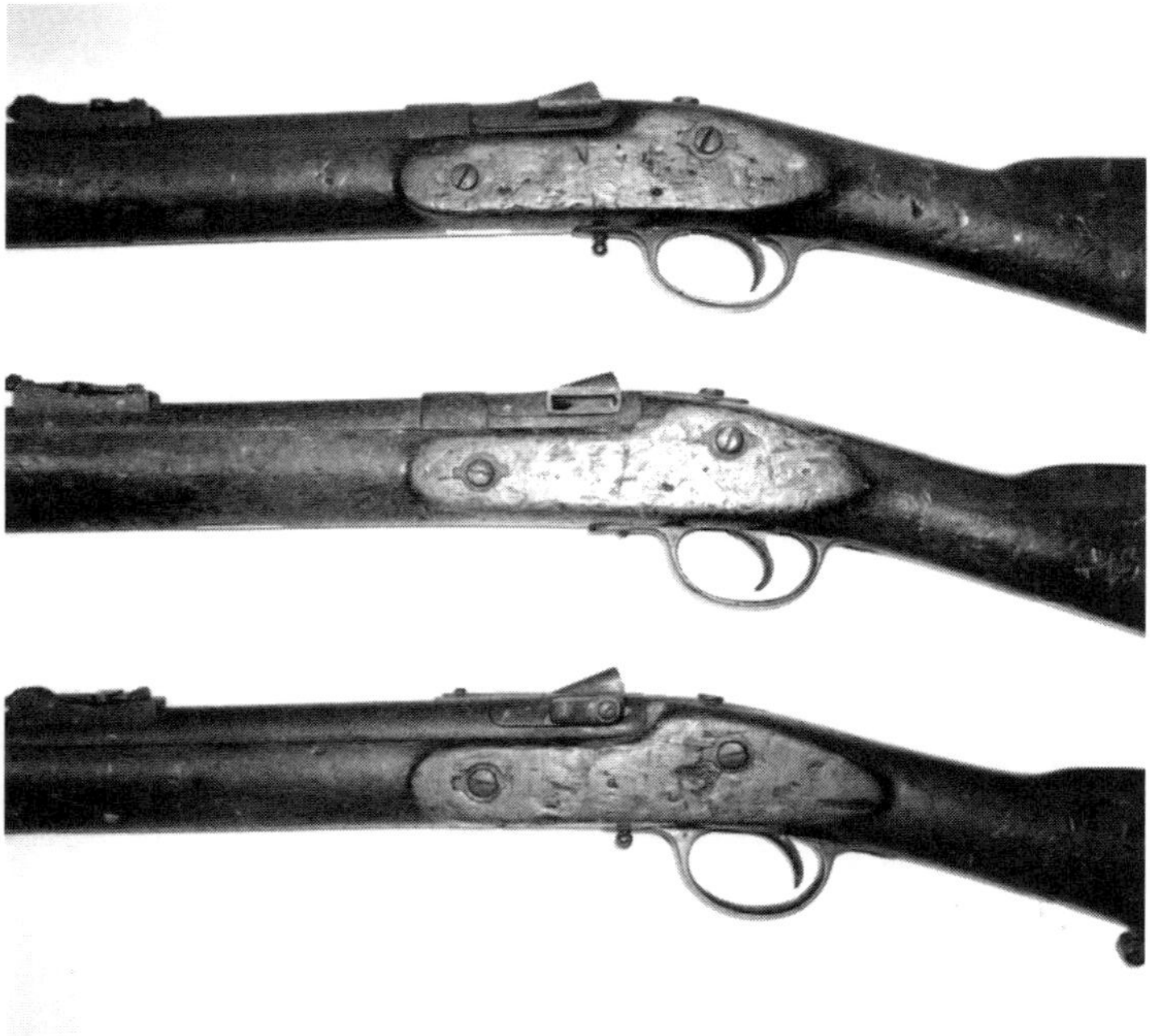

図75　スナイドル銃の遊底と開閉装置(平安神宮所蔵)
上：指掛式、中：押釦式、下：尾錠式。
※上段と中段は銃身・薬室分離型。下段は銃身・薬室一体型。

を行ったが、この二つの教本に示されていた歩兵の制式小銃はスナイドル銃だった。これに先立つ明治十三(一八八〇)年には、村田経芳の開発した初の国産小銃「十三年式村田銃」が制式採用されていたが、全軍への配備はなかなか実現せず、明治十年代を通じてスナイドル銃と村田銃が併用される状態が続いた。

前記したようにスナイドル銃は、前装式のエンフィールド銃を低コストで後装式に改修するというコンセプトで、イギリス軍が一八六七年に制式採用した後装単発銃である。「莨嚢《ろうのう》式」と呼ばれる、遊底を側方枢軸によって横方向に開閉させる機構を持ち、遊底に内蔵された撃針の頭部を撃鉄で叩くことによって、弾薬筒を発火させる仕組みだった。スナイドル銃には、兵種別のエンフィールド銃に改修を施したことによって生じた多くのバリエーションがあるが、日本陸軍ではこの中の「二つバンド」と称する短小銃を歩兵銃として主用した。短スナイドル銃（P1867 Snider-Enfield Short Rifle）の諸元についてみると、全長四九インチ、重量八・五ポンド、腔綫五条、最大射程一、二五〇ヤードで、長大なヤタガン・ブレードの銃剣(P1860 Bayonet)が装着された(C. J. Purdon, *The Snider-Enfield.*)。

　平安神宮に伝存するスナイドル銃は計四十三挺で、全て「二つバンド」の短小銃に分類されるものである。まずそれらを外形上の特徴からみると、（a）銃身と薬室が分離した構造になっているもの、（b）銃身と薬室が一体成形されているもの、という二種類に区分することが出来る。既に記したように、スナイドル銃は前装式のエンフィールド銃に改修を加えて後装銃化するというコンセプトで開発されたものである。イギリスにおいては、改修に供すべきエンフィールド銃のストックを使い切った後、新しい改良型のスナイドル銃が製造されるようになったと言われる（Purdon, *The Snider-Enfield.*）。こうした観点からすると、（a）は前装銃の銃身に新製の薬室を付加して後装銃とした改修型、（b）は当初から後装銃として作られた新規製造型、とみなすことが出来よう。因みにスナイドル銃の新規製造に当たって改良された主要な点は、銃身の素材がスチールへと変更されたことに加えて、遊底の開閉装置をロッキング・ボルトを持つ尾錠式にしたこと（発砲時のガス漏れを防止するために閉鎖を確実にした）とされており、この形式のものをMKIIIと称する（V. D. Majendie & C. O. Browne, *Military Breech- Loading Rifles.*）。なお前装銃からの改修型スナイドル銃には、遊底部分の構造の小さな異同に基づく、MKI・MKI*・MKII*・MKII**といった区分がある。実査したスナイドル銃のうち、（a）の銃身・薬室分離型は二挺のみで、ほかの四十一挺は（b）の銃身・薬室一体型である。

（a）に分類されるもののうちの一挺は、遊底にロッキング・ボルトが取り付けられておらず、開閉装置も指掛け式であることから、MKIIIよりも前の形式（抽筒子の形状からみてMKIではなく、それ以降のMKI*・MKII*・MKII**）に属することが分かる。機鈑には「TOWER 1866」の刻印が打たれている。別の一挺は、遊底にロッキング・ボルトがあり、開閉装置が押釦式となっていて、イギリスの文献にMKIIIとして図示されているものと同一である（C. J. Purdon, *The Snider-Enfield Rifle.*）。初期に製造されたMKIIIのスナイドル銃は、それ以前のものと同じ銃身・薬室分離型の構造だったのであろう。因みにこの銃の機鈑には、製造地や製造年を示す刻印が打たれていない。

（b）に分類される四十一挺は、遊底にロッキング・ボルトが取り付けられ、尾錠式の開閉装置を持った、典型的なMKIIIのスナイドル銃である。機鈑に打刻された製造年号をみると、一八六六年製が三挺、一八六七年製が三挺、一八六八年製が二十挺、一八六九年製が二挺、刻印の無いものが六挺、錆により読み取れないものが七挺となっている。ただしこれらの年号については、銃を修理する過程で部品の組み合わせに異同が生じている（廃銃などから程度の良い部品を取り出し、それらを調整して補修や組み立てを行っている）可能性が多分にあり、必ずしも当該銃の製造年を正確に示すものでないことに注意すべきであろう。そもそもMKIIIのスナイドル銃に一八六六年・一八六七年の製造記録は無く、少なくともそれらの年号が打刻された機鈑は、組み替えられたものであるということが出来る。

機鈑に打刻された製造地についてみると、「TOWER」と刻印のある官製品が二十八挺、民間銃器メーカーの刻印が打たれたものが四挺（うち二挺にはベルギー・リージェ所在のメーカー名が認められる）、無刻印が九挺となっている。また、銃床に「東京砲兵工廠」の焼印が入ったものが十五挺あるが、これらはオリジナルの銃床が損耗または破損したなどの事情で、日本製銃床への交換が行われたことを示す事例と言える。東京砲兵工廠では、明治十一（一八七八）年に「今から製造する銃床は山毛欅製とし、胡桃材も併用する」（『明治工業史　火兵・鉄鋼篇』）ことを決定しており、国産銃床への交換が必要に応じて実施されていたことを窺わせる。

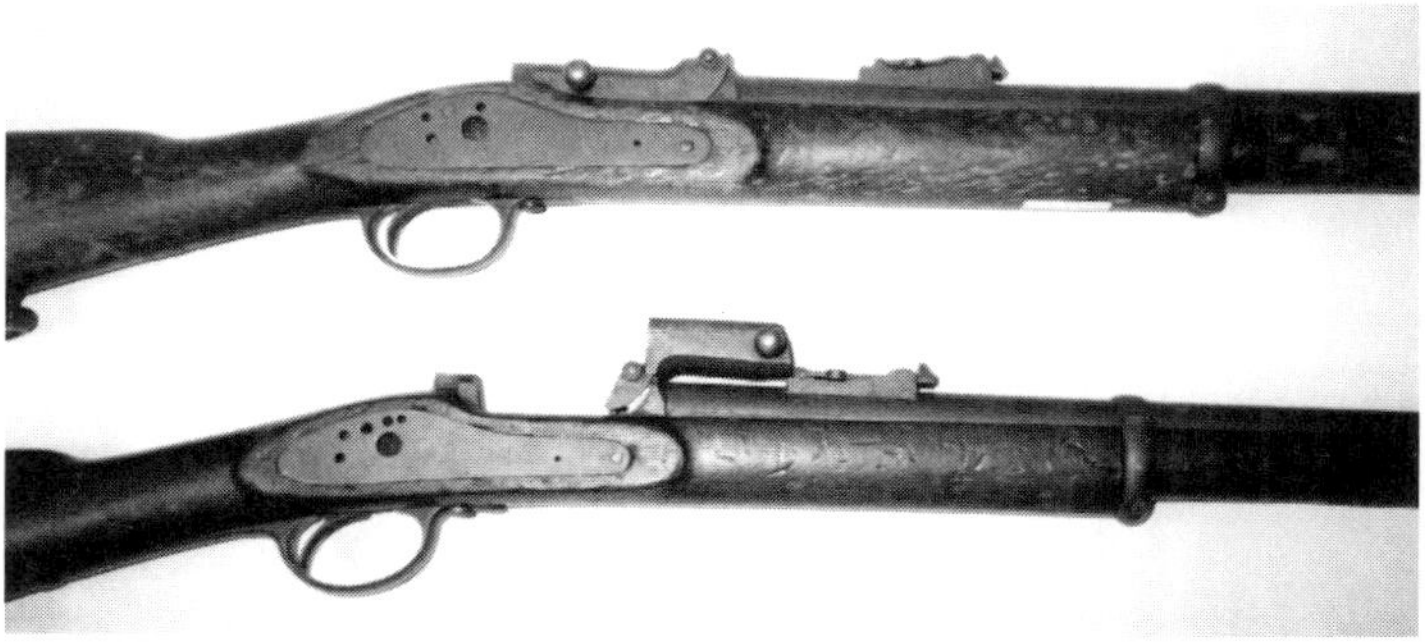

図76　アルビニー銃の機関部（平安神宮所蔵）
上：閉鎖時、下：開放時。

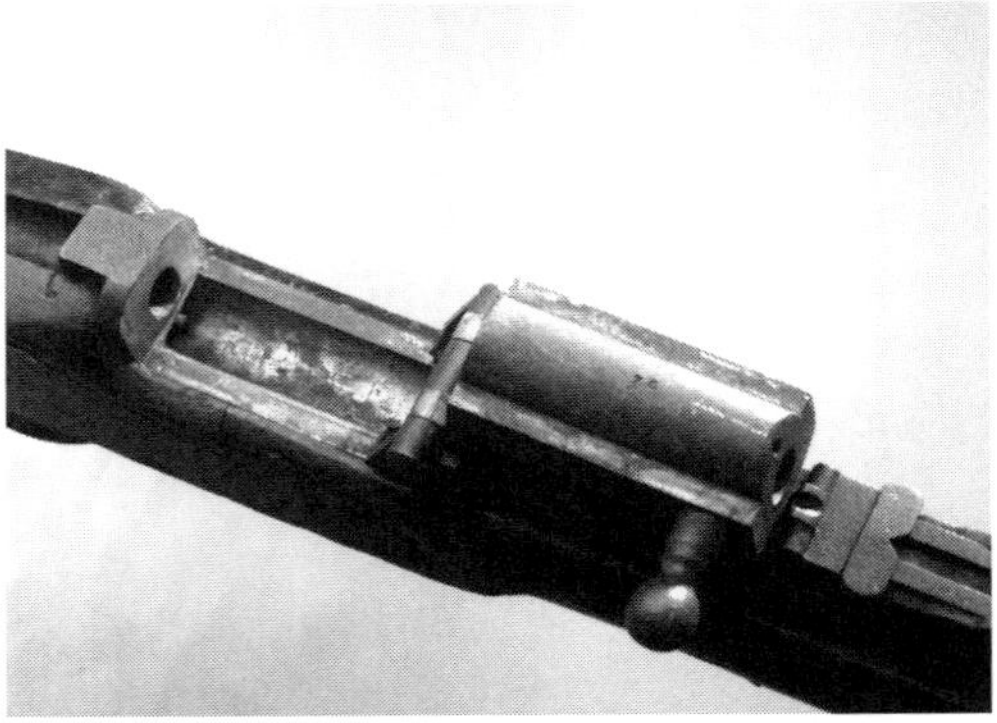

図77　活罨式の遊底を開いた状態（平安神宮所蔵）

② アルビニー銃

もともとアルビニー銃はベルギーで開発された後装単発銃だが、建軍期の日本陸軍では、前装式エンフィールド銃の尾筒部分に跳ね上げ式の遊底を取り付けた改修銃を主用していた。この改修アルビニー銃は、遊底を前方枢軸によって縦方向に開閉させる「活罨《かつあん》式」という機構を持ち、スナイドル銃と同一のボクサー実包を使用することが出来た。エンフィールド銃をアルビニー銃に改修する作業は、明治六（一八七三）年にそのための工作機械が輸入されたのち、翌明治七（一八七四）年に入って着手された。最初にこの作業を開始したのは萩の沖原製造所で、明治九（一八七六）年までに六千挺の改修アルビニー銃を製造している。さらに陸軍省は、砲兵本支廠合せて一万挺の改修アルビニー銃を製造すべき旨を指示し、大阪支廠においても三千五百挺の改修作業が行われた（『兵器沿革史　第一輯』）。

当初この改修作業は、長・短二種類のエンフィールド銃に対して実施されたが、日本陸軍における「軍装斉一」の観点から、程なくして短小銃のほうに統一されることとなった。なお改修アルビニー銃の諸元は、前出のスナイドル銃と基本的に同じであり、同一のヤタガン形銃剣を装着することが出来た。

平安神宮に所蔵されている二十一挺のアルビニー銃は、前装式のエンフィールド銃を改修したものであり、ベルギーで軍用に制式採用されていた一八六七年式小銃（公称口径一一ミリメートル）は含まれていない。これらの「活罨式」遊底は全て同一の構造となっており、いずれも日本において改修が施されたと考えられる。機鈑に打刻された製造年号をみると、一八六六年製が一挺、一八六七年製が四挺、一八六八年製が七挺、一八六九年製が五挺、錆により判読出来ないものが一挺となっている。現存の改修アルビニー銃を観察して興味を引くのは、機鈑上部の角を削って丸みを付け、それに伴って銃床の機関嵌込み部に生じた空隙（エンフィールド銃では火門の嵌《はま》る位置）へ、埋木を行っている点である。この部分に埋木を施さず、一体的に成形している銃床もあったが、それらは損耗したオリジナルと交換するために日本で製造されたものと考えられる。

アルビニー銃の撃鉄は、遊底の後端から水平方向に撃針を叩くことが出来るよう設計された独自の形状を持つもので、改修銃にもこれに対応する新規製造の撃鉄が取り付けられていた。ただし平安神宮の所蔵銃については、安全処理のため撃鉄が除去された状態にあり、実見することは出来なかった。

結びに代えて

山国隊が東征時に因州藩から貸与されたミニエー銃の機種は、当時イギリスで制式採用されていた前装施条式のエンフィールド銃（現存品はベルキー製の一八五八年式海軍銃）で、隊士たちはこの銃を携えて戦場に臨み、幾度も実戦を経験した。京都への凱旋に当たって山国隊は、戊辰戦争で使用した小銃を因州藩からの貸与という形で郷里に持ち帰り、それらは廃藩置県後に鳥取県庁から譲与の通達を受けて以降、村落共有の武器として保管されることとなった。その後明治二十八（一八九五）年に時代祭が開催されると、パレードのために再編された山国隊は、これらの小銃を再び携えて祭の行列に参加した。山国隊の時代祭への参加は大正六（一九一七）年を最後に止み、隊士たちが東征以来使用して来た銃は、時のうつろいの中でその役割を終えた。

大正十（一九二一）年に維新勤王隊が結成されると、平安講社では当時既に旧式化していたスナイドル銃とアルビニー銃の払い下げを陸軍から受け、時代祭の行進に使用するようになった。これらの銃は今日に至るまで、九十年以上にわたって使われ続けている。京都三大祭に数えられる時代祭は、現在では日本を代表する祭のひとつと言っても過言でなく、その先達を務める維新勤王隊が実物の小銃を担って行進することの意義は決して小さくないが、文化財としてこれらの銃の保存を考える時、その耐久性が限界に近付きつつあることを実感せざるを得ない。近い将来、毎年の行進に使用する銃を精巧な模造小銃（出来れば山国隊が使用したエンフィールド銃）へ代替することも、考慮していくべき段階に来ているように思われる。

○隊士一覧

【出征隊士】

小塩村

	身分	姓名(別名)	年齢	出征、警固先	備考
1	名主	田中伍右衛門	44	上野	上野で戦死
2	名主	田中市太郎(市郎)	25	安塚・上野・桂御所	上野で戦傷　罹病　中途帰京　伍右衛門養子 ＊田中市太郎は実兄森脇一郎(市郎)(政太郎長男)名義で参戦した
3	名主	上野平左衛門	15	安塚・上野	凱旋帰京　甚之助倅

比賀江村

	身分	姓名(別名)	年齢	出征、警固先	備考
4	名主	前田庄次(庄右衛門)	44	上野	上野で戦傷　凱旋帰京
5	従士	新井兼吉	25	安塚	安塚戦で行方不明

塔　村

	身分	姓名(別名)	年齢	出征、警固先	備考
6	名主	平井利三郎	40	安塚・上野	凱旋帰京
7	従士	塔本清助	53	安塚・上野	凱旋帰京
8	従士	高室重造	45	安塚・上野	後発組　病死
9	名主	草木栄治郎	18	安塚・上野・奥州	安塚で戦傷　凱旋帰京
10	名主	高室誠太郎	22	安塚・桂御所	安塚で戦傷　中途帰京

11	名主	高室治兵衛	32	安塚	安塚で戦死
辻村					
12	名主	藤野　斉	38	安塚	近江守　組頭　凱旋帰京
13	名主	藤野寛次	28	安塚・上野・奥州	安塚で戦傷　凱旋帰京
14	従士	藤野宇之佐	26	安塚・上野	後発組　凱旋帰京
15	名主	北小路萬之輔		安塚・上野・奥州	凱旋帰京　帰京後病死
16	従士	北小路源三郎	37	安塚・上野・奥州	凱旋帰京
17	名主	北小路佐藤次	22	安塚・上野	凱旋帰京
18	従士	辻　定次郎（平八）	30	安塚・上野	後発組　罹病半途帰京
19	従士	橋爪直三	28	安塚・上野・奥州	後発組　凱旋帰京
20	従士	橋爪千代蔵	41	安塚・上野	始終小荷駄方を勤む　凱旋帰京
21	従士	橋爪治兵衛	25	安塚・上野	後発組　凱旋帰京
鳥居村					
22	名主	辻　繁次郎（帯刀）	28	安塚・上野・奥州	彦六倅　凱旋帰京
23	名主	久保秀治郎（繁次郎）	19	安塚・上野	凱旋帰京
24	従士	田中久馬次	18	安塚・上野	凱旋帰京
25	従士	大前松之助	40	安塚・上野・桂御所	病人と早帰京
26	従士	久保為次郎	21	安塚・上野・奥州	凱旋帰京
27	従士	中西市太郎	42	安塚・上野	病死
28	名主	辻　啓太郎	32	安塚・桂御所	安塚で戦傷　中途帰京　彦六長男

29	従士	田中浅太郎	23	安塚	安塚で戦死
下村					
30	名主	水口源次郎（源太郎）	33	上野・奥州	凱旋帰京
31	名主	渋谷理三郎（利三郎）	27	安塚・上野	凱旋帰京
32	名主	横田太郎左衛門	33	上野・奥州	後発組　凱旋帰京
33	名主	水口幸太郎	17	安塚・上野・奥州	安塚で戦傷　市之進倅　凱旋帰京　後、河原林益三
井戸村					
34	名主	樋爪弥五郎（弥三郎）	28	補充兵	不戦　凱旋帰京　辻彦六甥
弓削村（山国隣村）					
35	名主	佐伯権之丞	28		罹病不戦　半途帰京　下村水口家出身　市兵衛倅
江戸にて召し抱え					
36		丹羽春三郎	12	鼓士	不戦　凱旋帰京　御家人丹羽某の三男

【留守隊士】

小塩村

	身分	名前（別名）	年齢	警固先	備考
1	名主	森脇政太郎	54	桂御所	

2	名主	上野甚之助	40～50	中立売御門・桂御所	
大野村					
3	名主	河原林小弥太	25	桂御所	桂御所警固につき追加加入
4	名主	野尻浜太郎	41	桂御所	桂御所警固につき追加加入
比賀江村					
5	名主	岡本金吾	58	桂御所	
塔村					
6	名主	高室儀右衛門	48	中立売御門・桂御所	
7	従士	塔本常次郎（恒次郎）	16	中立売御門	
8	従士	高室要兵衛（亀次郎）	25	中立売御門	
9	従士	大西鉄次郎（繁次郎）	19	中立売御門	
10	従士	高室丑之助	13	桂御所	
辻村					
11	名主	藤野市次郎	50	中立売御門	椿寺調練時加入　佐伯市兵衛弟
12	従士	米田広吉	15	桂御所	
中江村					
13	名主	柿木兼松（兼助）	28	桂御所	

鳥居村

14	名主	辻　彦六（元之助）	63	中立売御門	
15	従士	辻　平吉郎	32	桂御所	

下　村

16	名主	水口市之進	48	中立売御門・桂御所	備前守　留守隊の指導者
17	名主	水口忠助	47	中立売御門・桂御所	
18	名主	水口庄五郎（嘉右衛門）	43	中立売御門	佐伯市兵衛弟
19	名主	水口常次郎	23	中立売御門	忠助倅
20	名主	鳥居梅太郎（為治郎）	22	桂御所	
21	名主	水口清兵衛	46	中立売御門	椿寺調練時加入　佐伯市兵衛弟

弓削村（山国隣村）

22	名主	佐伯市兵衛	52	中立売御門	下村水口家出身
23	従士	杉原彦治郎		中立売御門	下村出身

おわりに

山国隊は部隊規模としては因州藩に組み入れられた一小隊に過ぎず、戊辰戦争で果たした戦果も戦局全体の流れからみればそれほど大きく無い。それでもこれだけ勇名を馳せているのは、もちろん時代祭への参加が評判を取ったからにほかならない。同時期に同じく京都から勤王奉公として従軍した山科郷士による山科隊が、より大人数だったにもかかわらず、知名度では及ばないことからも明らかだ。

山国隊が幸運だったのは、維新後京都府政に重要な役割を果たした河田左久馬(景与)、北垣国道らと従軍を通して知己を得ていたことだった。河田はのちの京都府大参事兼留守判官。北垣は京都府知事として紀念祭立ち上げに関与していた。藤野斎は桑田郡初代郡長、辻啓太郎も京都府会議員を務めるなど府政に携わっていた。第一回時代祭の参加経緯について、山国では協賛会から番外参加の呼び掛けがあったとされているが、平安講社にはそのような記録は無く、逆に藤野が主唱し行列に加わることを申し来たとされている。おそらく山国への打診が非公式なものだったためだろう。藤野ら旧隊士らが府政に参加する中で、新政府重鎮となったかつての上官という人脈を利用したことは想像に難くない。平安遷都千百年協賛会創立委員会委員長の河田景福は左久馬の実弟だったので、その繋がりからではないかと想像する。景福の子景尚はのちに時代祭へ参加、自宅は山国隊の集合場所になっていたことからも、結び付きの強さが窺える。

評判となった和洋折衷の鼓笛軍楽だが、維新当時は珍しいものではなかったが（だからこそ山国隊は凱旋に必須と稽古に励んだのだろう）、時代祭の頃は既に軍隊の行進がラッパで行われていたので、若い世代には新鮮に、維新を知る世代には懐かしく感じられたのが良かったのだろう。開催時期が日清戦争と重なったことも国威発揚の世情と相まって聴衆には受け入れやすかった。のちに維新勤王隊が祭祀を継承したことから、京都市民に共有財産として認知され、他の神社へと伝播していった。こうして山国隊の勇名は不動のものとなった。

山国隊東征の動機として、主に尊王心厚い土地柄のほかに、名主利権の堅持といった理由が語られる。身分社会の瓦解が迫る幕末にあって、利権の堅持という側面を否定するものではないが、やはり禁裏御領の杣人としての誇りが無ければ、命懸けの従軍はなし得なかっただろう。山国隊結成の章で郷土史に多くの紙数を割いたのは、これを抜きにして結成の動機を窺い知ることは出来ないからである。

最後に本書の誕生は、映画『隠し剣鬼の爪』の助監督だった筆者が、共著者淺川道夫先生に軍事考証を依頼したことが端緒である（因みに映画のクライマックスで奏でられる軍楽は維新勤王隊が演奏した）。私事ながら、この映画をきっかけに妻の母方の家系が山国に由緒があることを知り、貴重な証言や史料に触れる機会を得ることが出来た。執筆に際しても妻の協力無しに完遂することは出来なかった。ここに謝意を表したい。

前原康貴

主な参考文献

秋田県編『秋田県史　資料　明治編　上』（秋田県、一九六〇年）
淺川道夫・前原康貴「幕末の洋式軍楽について」（『軍事史学』第四十四巻第二号、二〇〇八年九月）
淺川道夫・前原康貴「平安神宮所蔵の明治初期軍用銃について」（『軍事史学』第四十七巻第二号、二〇一一年九月）
淺川道夫・前原康貴「現存する山国隊士の東征装束について」（『民俗と風俗』第二十二号、二〇一二年九月）
有馬成甫『高島秋帆』（〈人物叢書〉吉川弘文館、一九八九年）
石井良介『徳川禁令考　前集　第一』（創文社、一九五九年）
維新戦歿者五十年祭事務所編『維新戦役実歴談』（維新戦歿者五十年祭事務所、一九一七年）
板沢武雄・米林富男編『原六郎翁伝　上巻』（原邦造、一九三七年）
太田久好『横浜沿革史』（有隣堂、一八九二年）
大山柏『戊辰役戦史　上巻』（時事通信社、一九六八年）
大山元帥伝刊行会編『元帥公爵大山巌』（大山元帥伝刊行会、一九三五年）
岡本幸雄『幕末・明治維新における郷士の政治的運動の展開』（立命館大学経済学会、一九六〇年）
岡本剛次『禁裏御杣御領山国の古代史を解く』（橋本印刷、一九九二年）
奥中康人「幕末鼓笛隊と〈維新マーチ〉の伝播」（『名古屋芸術大学研究紀要』第二五号、二〇〇四年三月）
奥中康人『幕末鼓笛隊——土着化する西洋音楽——』（大阪大学出版会、二〇一二年）
織田鉄三郎『天狗党鹿島落ち』（〈ふるさと文庫〉筑波書林、一九八四年）
鹿児島県編『鹿児島県史　第三巻』（鹿児島県、一九六七年）
勝安房『海軍歴史』（海軍省、一八八九年）
カッテンディーケ著・水田信利訳『長崎海軍伝習所の日々』（〈東洋文庫〉平凡社、一九六四年）

金子常規『兵乱の維新史(1)　幕末・戊辰戦争』（原書房、一九八〇年）
上山市史編さん委員会編『幕末明治維新資料　資料編　第二十二集』（上山市、一九七七年）
河原林梩一郎「山国隊の実戦記」（佐藤義亮編『日本精神講座　第二巻』新潮社、一九三四年）
岸本宣美編「熊野神社少年勤王隊六十年史」（『京熊野』第一〜六号、一九八九〜九九年）
喜多川守貞『近世風俗志(二)——守貞謾稿——』（〈岩波文庫〉岩波書店、一九九七年）
京都府北桑田郡編『京都府北桑田郡誌』（京都府北桑田郡、一九一三年）
熊谷徹「幕府軍制改革の展開と挫折」（田中彰編『幕末維新論集　3　幕政改革』吉川弘文館、二〇〇一年）
京北町誌編纂委員会編『京北町誌』（京北町、一九七五年）
工学会編『明治工業史　火兵・鉄鋼篇』（啓明会、一九二九年）
佐久間留男『戊辰白河口戦記』（同復刻刊行会、一九八八年）
参謀本部陸軍部編纂課編『征西戦記稿』（陸軍文庫、一八八七年）
史談会編『史談会速記録　合本二一冊』（原書房、一九七三年）
田代善吉『栃木県史　巻八　戦争編』（下野史談会、一九三六年）
田辺昇吉『北関東戊辰戦争』（自家版、一九八二年）
東京大学史料編纂所編『復古記　第十一冊』（東京大学出版会、一九七五年）
東京日日新聞社会部編『戊辰物語』（〈岩波文庫〉岩波書店、一九八三年）
徳永職男ほか『江戸時代の因伯〈下〉』（新日本海新聞社、一九八〇年）
鳥取県編『鳥取県郷土史』（鳥取県、一九三二年）
鳥取藩史編纂所編『鳥取藩史　第三巻』（鳥取県、一九七〇年）
鳥取県編『鳥取県史　近代　第一巻　総説編』（鳥取県、一九六九年）
鳥取県編『鳥取県史　第三巻　近世　政治』（鳥取県、一九七九年）
永井登『丹波山国隊誌』（自家版、一九〇六年）

長坂金雄編『日本風俗史講座　第七巻』（雄山閣、一九二九年）
仲村研・宇佐美英機編『東征日誌――丹波山国農兵隊日誌――』（国書刊行会、一九八〇年）
仲村研『山国隊』（学生社、一九六八年。〈中公文庫〉中央公論社、一九九四年）
仁井田邦夫『山国隊軍楽の謎と維新勤王隊軍楽に連なる音楽』（自家版、一九八六年）
秀島成忠『佐賀藩海軍史』〈明治百年叢書〉原書房、一九七二年）
平野健次編『日本音楽大辞典』（平凡社、一九八九年）
平安講社編『時代装束　時代祭資料集成』（京都書院、一九九五年）
平安講社編『平安講社　七十年の歩み』（平安講社、一九六五年）
平安講社編『平安神宮　時代祭』（平安講社、一九九〇年）
平安講社第八社編『われらの維新勤王隊』（平安講社第八社、二〇〇三年）
平安神宮百年史編纂委員会編『平安神宮百年史』（平安神宮、一九九七年）
前田化六道人「調練の始まり」（同好史談会『漫談明治初年』春陽堂、一九二七年）
前原康貴「丹波山国隊の兵式と編制」（『軍事史学』第四十二巻第一号、二〇〇六年六月）
前原康貴「丹波山国隊の東征装束」（『民俗と風俗』第十八号、二〇〇八年九月）
升本清、ファン・デル・スロート「幕末海軍鼓笛楽」（『蘭学資料研究会研究報告』第一八四号、一九六六年七月）
三浦俊三郎『本邦洋楽変遷史』（日東書院、一九三一年）
水口民次郎『丹波山国隊史』（山国護国神社、一九六六年）
水口孝二「山国勤王隊と音楽の由来」（『音楽世界』一九三七年六月号）
水田信利『幕末における我海軍と和蘭』（有終会、一九二九年）
森谷尅久「時代祭と山国隊」（ＮＨＫ編『歴史への招待11』日本放送出版協会、一九八一年）
吉岡拓『平安遷都千百年紀念祭における寄付金募集活動の実相』（『民衆史研究』77号、二〇〇九年）
吉野真保『嘉永明治年間録　下巻』（巌南堂、一九六八年）

陸軍省編『兵器沿革史　第一輯』（陸軍省、一九二三年）
若松雅太郎『平安遷都千百年記念祭協賛誌　玄武編』（自家版、一八九六年）
渡辺錠太郎「明治維新以後に於ける我国陸軍戦法の沿革に就いて」（日本歴史地理学会『日本兵制史』日本学術普及会、一九三九年）
D. W. Bailey, *British Military Longarms 1715-1865* (London: Arms and Armour Press, 1972).
V. D. Majendie & C. O. Browne, *Military Breech-Loading Rifles* (London: Arms and Armour Press, 1973).
Charles J. Purdon, *The Snider - Enfield* (NY: Museum Restoration Service, 1963).
Charles J. Purdon, *The Snider - Enfield Rifle* (NY: Museum Restoration Service, 1990).

本書を執筆するにあたって、次の方々にご協力いただいた。ここに記して感謝の意を表する次第である。（敬称略）

山国神社　宮司　藤野清臣
山国隊軍楽保存会　顧問　川崎輝男
樋爪義信
平安神宮　権禰宜　牛場達之
元祇園梛神社　禰宜　木下雅文
熊野神社
熊野少年勤王隊母の会
藤森神社
晴明神社
西院春日神社　権禰宜　中森良亮
今宮神社　名誉宮司　石孝彦
霊明神社　八世神主　村上繁樹
日向工房　柳田昭彦
軍事史学会　横田映浩（陸上自衛隊）、竹本知行（大和大学）

著者略歴

浅川　道夫（あさかわ　みちお）

博士（学術）、軍事史学会理事・編集委員、日本大学国際関係学部教授

昭和 35（1960）年生まれ、東京都出身。

日本大学大学院法学研究科（日本政治史専攻）博士後期課程満期退学

主要著書

・『明治維新と陸軍創設』（錦正社、2013 年）
・『江戸湾海防史』（錦正社、2010 年）
・『お台場――品川台場の設計・構造・機能――』（錦正社、2009 年）
・平間洋一ほか編『日英交流史 1600-2000　3　軍事編』（東京大学出版会、2002 年）共著
・宮地正人ほか監修『ビジュアル・ワイド　明治時代館』（小学館、2005 年）共著

前原　康貴（まえはら　やすたか）

軍事史学会会員。大阪芸術大学映像学科卒業。

昭和 46（1971）年生まれ、大阪府出身。

京都太秦の松竹撮影所で時代劇の演出をする傍ら、幕末軍事史を研究

主要著書・作品

・『武器と防具　幕末編』（新紀元社、2008 年）共著
・『幕末維新人物辞典』（学研、2010 年）共著
・『女狼 3』（エンゲル、2004 年）脚本監督
・『ルビゴンの決断　岩崎弥太郎』（テレビ東京・松竹、2010 年）脚本監督
・『幕末単身赴任』（京都府・VIPO、2012 年）企画脚本監督
・『立花登　青春手控え』（NHK エンタープライズ・松竹、2016 年）監督

丹波《たんば》・山国隊《やまぐにたい》

――時代祭《じだいまつり》「維新勤王隊《いしんきんのうたい》」の由来《ゆらい》となった草莽隊《そうもうたい》――

平成二十八年五月　十日　印刷
平成二十八年五月二十六日　発行

※定価はカバー等に表示してあります。

著　者　浅川道夫
著　者　前原康貴
発行者　中藤正道
発行所　㈱錦正社

〒一六二―〇〇四一
東京都新宿区早稲田鶴巻町五四四―六
電　話　〇三（五二六一）二八九一
ＦＡＸ　〇三（五二六一）二八九二
ＵＲＬ　http://kinseisha.jp/

印刷　㈱文昇堂
製本　㈱ブロケード

ISBN978-4-7646-0342-4